工业和信息化普通高等教育
"十三五"规划教材立项项目

高等院校**电子商务**
新形态系列规划教材

U0734486

# 网店运营与推广
## 从入门到精通

**微课版**

雷莉 黄睿／主编

付培军 夏金弟 陆迎／副主编

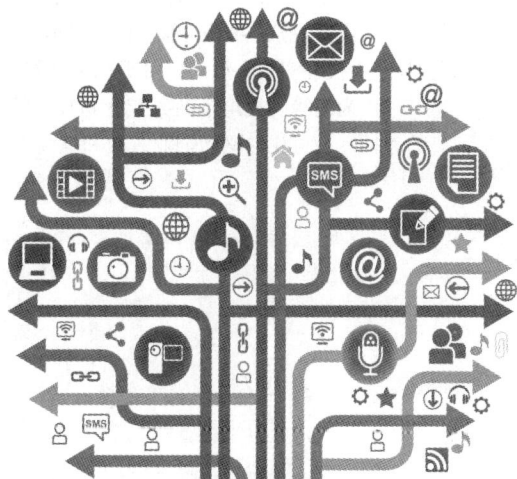

Online Stores' Operation
and Promotion

人民邮电出版社
北京

图书在版编目（CIP）数据

网店运营与推广从入门到精通：微课版 / 雷莉，黄睿主编. —— 北京：人民邮电出版社，2021.1（2022.12重印）
高等院校电子商务新形态系列规划教材
ISBN 978-7-115-54652-4

Ⅰ. ①网… Ⅱ. ①雷… ②黄… Ⅲ. ①网店—经营管理—高等学校—教材 Ⅳ. ①F713.365.2

中国版本图书馆CIP数据核字(2020)第147820号

## 内 容 提 要

本书以淘宝平台为依托，系统地介绍了网店运营与推广的相关知识。全书共 10 章，包括网店运营基础知识、商品发布与店铺设置、网店日常管理、网店设计与装修、淘宝 SEO 网店、设置疯狂促销活动、直通车推广、信息流推广、网店客服与物流管理、网店运营大数据分析等内容。本书每章都精心安排了"案例分析""课后习题""技能实训"板块，可提高读者网店运营与推广的能力和技巧。

本书可作为高等院校电子商务专业和其他经济管理类专业网店运营相关课程的教材，也可作为电子商务培训班的教材，还可作为网店创业人员和电商企业基层人员的参考用书。

◆ 主　　编　雷　莉　黄　睿
　　副 主 编　付培军　夏金弟　陆　迎
　　责任编辑　孙燕燕
　　责任印制　周昇亮
◆ 人民邮电出版社出版发行　　北京市丰台区成寿寺路 11 号
　　邮编　100164　　电子邮件　315@ptpress.com.cn
　　网址　https://www.ptpress.com.cn
　　北京天宇星印刷厂印刷
◆ 开本：787×1092　1/16
　　印张：13.75　　　　　　　　　　2021 年 1 月第 1 版
　　字数：300 千字　　　　　　　　 2022 年 12 月北京第 6 次印刷

定价：49.80 元
读者服务热线：(010)81055256　印装质量热线：(010)81055316
反盗版热线：(010)81055315
广告经营许可证：京东市监广登字 20170147 号

# 前　言

随着电子商务的快速发展，越来越多的人将创业的目光瞄准网上开店，尤其是一些年轻人更是视其为就业的另一条出路，因此，网店之间的竞争变得日益激烈。我们经常会遇到许多网店由于经营不善而导致网店关闭的情况。造成该问题的主要原因之一，就是网店店主缺乏有关网店运营与推广的知识。要想成功经营好网店，网店店主就需要掌握更多的网店运营与推广的方法和技巧。本书正是以淘宝平台为依托，以提高网店运营与推广能力为核心，系统、全面地介绍了网店运营与推广的相关知识，从而帮助读者全方位地了解网店运营与推广的基本方法和技巧，为其以后网上创业做准备。

本书共 10 章，具体内容如下。

第 1 章是网店运营基础知识，主要介绍了网上开店概述、常见的网上开店平台、货源的选择等。

第 2 章是商品发布与店铺设置，主要介绍了商品发布、淘宝助理的使用、设置并简单装修店铺等。

第 3 章是网店日常管理，主要介绍了千牛工作台管理、商品交易管理、订单管理等。

第 4 章网店设计与装修，主要介绍了商品图片处理、店标 Logo 的设计、"店招"的设计、网店详情页的设计、商品促销广告的设计、手机店铺的设计等。

第 5 章是淘宝 SEO 网店，主要介绍了淘宝 SEO 概述、关键词挖掘与分析、商品标题的优化、商品主图的优化、商品详情页的优化等。

第 6 章是设置疯狂促销活动，主要介绍了促销活动基础知识、淘宝活动概述、不同类别的促销活动的报名、常见的促销方式等。

第 7 章是直通车推广，主要介绍了直通车概述、开通直通车推广、直通车推广的实施、直通车关键词的选择和直通车数据分析等。

第 8 章是信息流推广，主要介绍了信息流推广概述，抖音短视频、今日头条、微信朋友圈等的引流推广方式和技巧等。

第 9 章是网店客服与物流管理，主要介绍了网店客服概述、商品质量和价格问题处理、未支付订单处理、中差评处理、客户关系维护和物流管理等。

第 10 章是网店运营大数据分析，主要介绍了网店运营数据分析的作用、网店运营数据分析中的数据、生意参谋平台简介、生意参谋中必看的数据：实时直播、生意参谋中必须看的数据：流量纵横等。

本书特色如下。

（1）知识体系完整。本书系统介绍了网店运营与推广的全流程，内容包括网上开店、网店设计与装修、网店促销与推广、网店客服与物流管理、网店运营大数据分析等，全书知识体系完整且具有较强的逻辑性。

（2）实践指导性强。本书注重读者实践操作技能的培养，书中配备了大量案例和操作流程图示，可以帮助读者在实践中学以致用。

（3）教学资源丰富。本书提供配套的高清微课视频、PPT 课件、教学大纲、电子教案等教学资源。

在编写本书的过程中，编者得到了众多网络卖家的支持，在此表示衷心的感谢。由于编者学术水平有限，书中难免存在表达欠妥之处，因此，编者希望广大读者朋友和专家学者能够提出宝贵的修改建议。

编　者

# 目　　录

# 第1章　网店运营基础知识

网上开店越来越受到人们的重视。在正式开店前，人们需要了解网店运营的基础知识。本章主要介绍网上开店的概念、常见的网上开店平台、货源的选择。通过对本章的学习，读者可以对网店运营有一个初步的了解，为深入学习网店运营打下基础。

# 1.1　网上开店概述

随着互联网技术的发展，作为一种时髦的创业模式，网上开店已经逐渐发展起来。网上开店优势明显、前景广阔，更是众多无本创业者的绝佳机会。下面具体介绍网上开店的概念、网上开店的条件和网上开店的流程等内容。

## 1.1.1　网上开店的概念

网上开店是一种在互联网时代的背景下诞生的新销售方式，具体来说就是经营者在互联网上注册一个虚拟网上商店并出售商品。像淘宝、京东等许多大型的专业网站都向个人提供网上开店服务。这种方式的网上开店相当于线下在一些大的商场里租用一个店铺或柜台，借助大商场的影响与人气做生意，我们目前所看到的网上开店基本都采用这种方式。图1-1所示为在淘宝网开设的网上商店。

图 1-1　在淘宝网开设的网上商店

经营者将待售商品的信息以图片和文字的形式发布到网页上。对商品感兴趣的浏览者可以通过网上支付的方式向经营者付款。经营者则通过邮寄、快递等方式将商品实物发送给购买者。相比传统的商业模式,网上开店投入不大、经营方式灵活,可以为经营者提供不错的利润空间,现在越来越多的人都开始选择这种方式进行经营。

## 1.1.2 网上开店的条件

尽管网上开店投资少,操作简单,但是也需要具备一些最基本的条件。网上开店的条件包括硬件条件和软件条件,下面分别进行讲述。

网上开店的硬件条件

### 1. 网上开店的硬件条件

网上开店需要的硬件条件包括以下内容。

(1)手机或固定电话。谁都不想因为没接到客户的电话,导致潜在客户的流失。

(2)笔记本电脑。笔记本电脑(见图 1-2)对网上开店的专业卖家而言非常必要,特别是那些需要经常和客户、厂家打交道的卖家,利用笔记本电脑,既可以随时关注网上商店的信息,保证及时地维护与客户的关系,也可以随时随地处理与厂家的相关事宜,保证货源畅通、进货准时。

图 1-2 笔记本电脑

(3)传真机。当有很多客户和卖家签订合同时,传真机就可以大显神通了。另外,很多资料的收发也离不开传真机。

(4)打印机。有些电子文本资料是需要书面保存的,因此打印机也是必需的。

以上是一些网上开店的基础硬件设备。因为网上开店经营的策略有很多种,所以根据不同的经营策略和资金投入,我们也可以选择其中的某几个设备进行组合。

### 2. 网上开店的软件条件

网上开店有很多软件方面的要求,有时对软件的要求非常专业、复杂。下面本书将把一些简单的常用的软件列出来,便于卖家根据自己的经营策略进行取舍。

(1)电子邮件。电子邮件(E-mail)是互联网应用的一种服务。通过网络的电子邮件系统,用户可以用非常低廉的价格,以非常快速的方式,与世界上任何一个角落的网络用户联络。这些电子邮件可以是文字、图像、声音等各种格式。正是由于具有使用简易、投递迅速、收费低廉、易于保存、全球畅通无阻的特征，电子邮件被广泛地应用，它使人们的交流方式得到了极大的改变。

至于如何申请电子邮箱，如何管理自己的电子邮件，这里不再赘述。图 1-3 所示为新浪邮箱。

图 1-3　新浪邮箱

（2）聊天软件。在网上开店的过程中，打字聊天是常用的与客户沟通的方式。很多生意就是在手指敲击键盘的过程中谈成的。当然，卖家打字要熟练些，否则客户会认为你不认真与其聊天。

聊天软件非常多，常用的有腾讯 QQ、微信等，或者使用交易平台提供的沟通软件，如千牛卖家工作台。图 1-4 所示为使用千牛卖家工作台与客户交流。

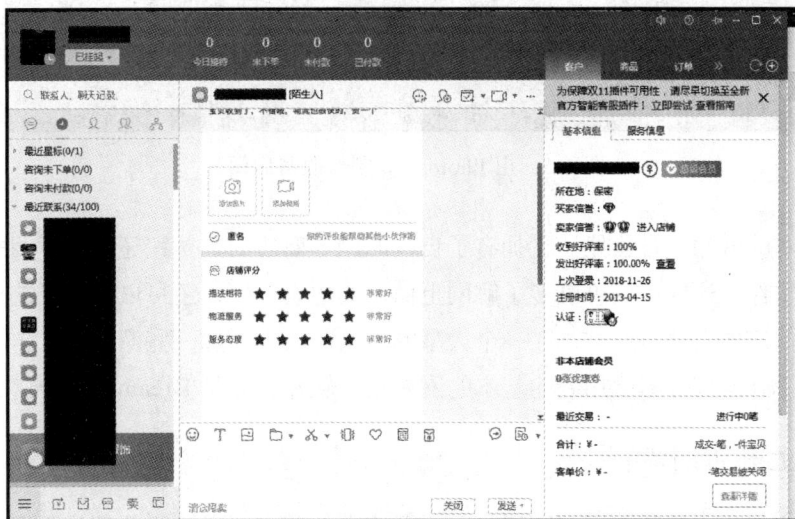

图 1-4　使用千牛卖家工作台与客户交流

（3）文字编辑软件。Word 是目前通用的、流行的文档编辑制作软件工具，主要用于编排文档、编辑和发送电子邮件、编辑和处理网页等。学会 Word 的基本操作后，卖家就可以很方便地编写合同或自己的网站文案。文案编写的好坏对网上销售能否成功有很大影响。所以，一定要尽可能地把文案写好。

（4）图像处理软件。网上开店除了需要编写很好的文案外，另外一个非常重要的部分就是要有精美的页面和宣传图片，因为客户主要是通过图片来浏览商品的，效果差或是不够美观的图片都可能导致客户流失。因此能否做出漂亮的商品图片，对网上开店能否成功也是一个至关重要的因素。现在的作图软件很多，建议学习使用 Photoshop。Photoshop 是 Adobe 公司推出的一款图像处理软件，被人们称作"图像处理大师"。Photoshop 是目前应用较为广泛的图像处理软件之一，它的功能十分强大，也比较容易学习。图 1-5 所示为用 Photoshop 制作的网店图片。

图 1-5 用 Photoshop 制作的网店图片

（5）基本的网站设计软件。在拥有了自己的网上商店后，卖家还需要学习一些与网站设计相关的软件，这样不仅可以多了解网上商店的建设原理，还可以为自己的商店设计几个漂亮的宣传广告页面。通常，在一个大型的网上商店上添加一些漂亮的广告页面，网店效果会更好。开网店时需要用到的基本的网站设计软件主要是 Dreamweaver。

### 1.1.3 网上开店的流程

网上开店与传统的网店没有区别，网上开店之前首先要考虑好经营什么商品，然后选择网上开店的网站。淘宝、京东等都是比较有名的网站，卖家可以根据情况选择。下面以淘宝开店为例说明网上开店的流程，图1-6所示为淘宝网的网上开店流程。

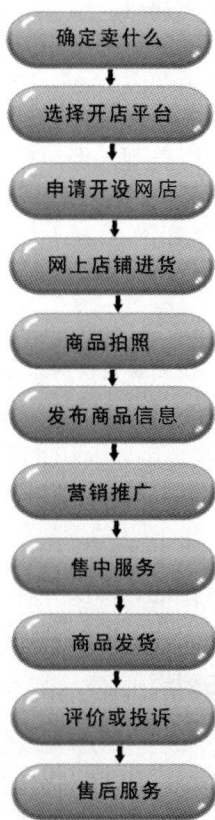

```
确定卖什么
    ↓
选择开店平台
    ↓
申请开设网店
    ↓
网上店铺进货
    ↓
商品拍照
    ↓
发布商品信息
    ↓
营销推广
    ↓
售中服务
    ↓
商品发货
    ↓
评价或投诉
    ↓
售后服务
```

图1-6 淘宝网的网上开店流程

**1. 确定卖什么**

卖家如果能找到别人不容易找到的特色商品，将会是网上开店的一个好的开始。只有保证商品的质优价廉才能留住客户。

**2. 选择开店平台**

一般自设服务器成本会很高，低成本的方式是选择一个提供网络交易服务的平台，注册成为该平台的用户。大多数平台会要求卖家用真实姓名和身份证等有效证件进行注册。注册时名字很重要，有特色的名字更能让客户注意你，记住你的网店。

**3. 申请开设网店**

在平台上申请开设网店，要详细填写自己网店所提供商品的分类，以便让你的目标用户准确地找到你。然后需要为自己的网店起个醒目的名字，以便吸引人气。网店如果显示个人资料，应该如实填写，以增加信任度。

**4. 网上店铺进货**

低价进货、控制成本非常重要，必须重视这一点。进货渠道包括从各地的批发市场、网站或厂家直接进货等。

可以参观淘宝同类的网店，多研究高级店铺，看看高级店铺的商品、销售情况、特色，最好是做到知已知彼，商品最好是人无我有。

### 5. 商品拍照

购入商品后，卖家应该为商品拍一些漂亮的照片，实拍照片能让买家感到真实，也能体现出卖家的用心。要尽量把商品拍得美观，但前提是不失真，处理得太多的照片容易失真，有可能会给将来的交易带来麻烦。

> **小提醒**
>
> 照片拍好后，卖家可以在照片上打上一层淡淡的水印，水印上标明你的店名，等开店以后，还应该打上店址，这是为了防止有人盗用你的商品图。如果打上水印了，别人就不敢盗用你的图片了。

### 6. 发布商品信息

在把每件商品的名称、产地、所在地、性质、外观、数量、交易方式、交易时限等信息发布在网店上时，最好搭配商品的图片。商品名称应尽量全面，突出优点，因为当别人搜索该类商品时，只有名称会显示在列表上。

漂亮的商品描述必不可少，要注意网页界面的美感，避免使用很多种字体、颜色，也不要设置许多不同字体进行商品描述，这样不仅没有条理性，让人找不到重点，而且过大或过小的字体都容易让人感觉厌烦。真正漂亮的商品描述要条理分明，重点突出，阅读方便，令人感觉舒适。

> **小提醒**
>
> 发布商品时，价格也是一个重要因素，大部分人在购物的时候，都会考虑价格因素，因此，要为你的商品设置一个有竞争力的价格。当然，价格的高低跟货源、进货渠道有密切关系，如果你能进到比别人更便宜的货，那么你就比别人更具有竞争力了。

### 7. 营销推广

为了提高自己网店的人气，在开店初期应适当地进行营销推广，但只在网上推广是不够的，要线上线下多种渠道一起推广。例如，可以在购买网站流量大的页面上的"热门商品推荐"位置，将商品分类列表上的商品名称加粗、增加图片以吸引客户的注意，也可以利用不花钱的广告进行营销推广，如与其他网的网店和网站交换链接等。

### 8. 售中服务

买家在决定是否购买商品的时候，很可能需要很多卖家之前没有提供的信息，他们随时会在网上提出问题，卖家应及时并耐心地回复。但需要注意的是，很多网站为了防止卖家私下交易以逃避交易费用，会禁止买卖双方在网上提供任何个人的联系方式，如邮箱、电话等，否则将予以处罚。

### 9. 商品发货

商品卖出去了，别高兴得太早，收到支付宝的打款通知以后，还有运送关要过，不管是平邮还是快递，卖家要用尽可能少的钱将商品安全运送到买家手中。

### 10. 评价或投诉

信用是网上交易中很重要的一个因素。为了共同建设信用环境，如果交易满意，最好给予对方好评，并且通过良好的服务获得对方的好评。如果交易失败，应给予差评，或者向网站投诉，以减少个人损失，并警示他人。如果客户投诉，应尽快处理，以免为网上店铺信用留下污点。

### 11. 售后服务

商品卖出不代表交易就此结束，后面还有售后服务，对自己的商品有信心的卖家，售后服务一般能做得非常好，不管是技术支持还是退换货服务都要做到位，这样才是一位好卖家。

# 1.2 常见的网上开店平台

网上开店平台的选择非常重要，但卖家在选择网上开店平台时往往存在一定的决策风险。尤其是初次在网上开店的卖家，很容易由于经验不足以及对网上开店平台了解比较少等而带有很大的盲目性。在人气高的网站上注册建立网店是目前国内最流行的开店方式，目前常见的网上开店平台有淘宝、京东、微店等。

## 1.2.1 淘宝网

淘宝网是中国深受欢迎的网络购物平台，目前已经成为世界范围的电子商务交易平台之一。自 2003 年 5 月 10 日成立以来，淘宝网基于诚信为本的准则，从零做起，用短短的半年时间迅速占领了国内个人交易市场的较前位置，创造了互联网企业的一个发展奇迹，图 1-7 所示为淘宝网首页。

淘宝网

淘宝网致力于推动"货真价实、物美价廉、按需定制"网货的普及，以帮助更多的买家享用海量且丰富的网货，获得更高的生活品质，通过提供网络销售平台等基础性服务，帮助更多的企业开拓市场、建立品牌，实现产业升级；帮助更多胸怀梦想的人通过网络实现创业、就业。

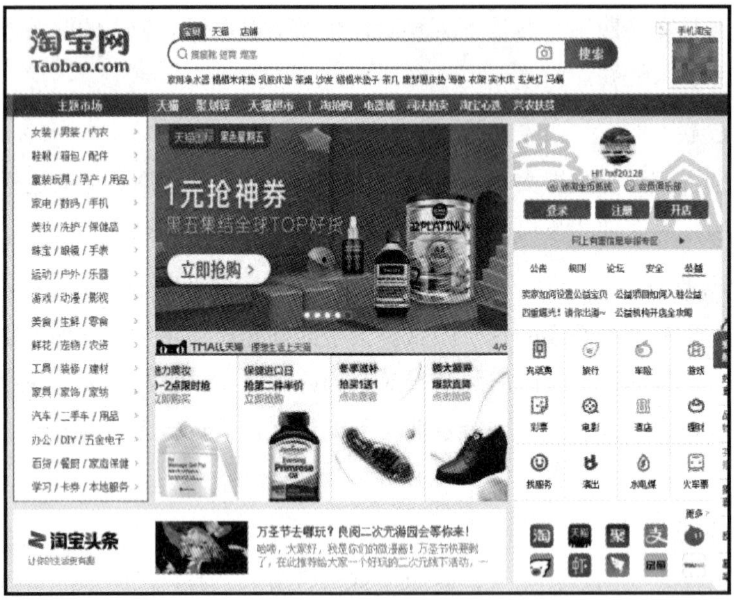

图 1-7　淘宝网首页

## 1.2.2　京东

京东是中国的自营式电商企业，在线销售计算机、手机及其他数码商品、家电、汽车配件、服装与鞋类、奢侈品、家居与家庭用品等 13 大类商品。京东商场迅猛的发展速度，吸引来不少卖家想在京东商城上开店。图 1-8 所示为京东商城首页。

京东

图 1-8　京东商城首页

网店运营与推广从入门到精通（微课版）

京东为买家提供了愉悦的在线购物体验。通过内容丰富、人性化的网站和移动客户端，京东以富有竞争力的价格提供具有丰富品类及卓越品质的商品和服务，以快速可靠的方式将商品送至买家手中，并且提供灵活多样的支付方式。另外，京东还为第三方卖家提供在线销售平台和物流等一系列增值服务。

### 1.2.3 微店

微店是继阿里巴巴、淘宝之后的又一个先进的电子商务平台，它能把卖家的淘宝店架设到微信公众平台上，让卖家在微信上也有一个属于自己的网店。图 1-9 所示为微店购物平台。

图 1-9　微店购物平台

目前微店对开店的门槛极低，卖家只需通过手机号码、身份证号码、银行卡号等信息验证即可注册网店。网店注册成功后，卖家可以自由添加商品、分享网店或商品、通过微信收款、管理订单、进行促销。

# 1.3　货源的选择

网上开店，进货是一个很重要的环节，不管是通过哪种渠道寻找货源，只要找到物美价廉的货源，网上商店就有了成功的基础。

### 1.3.1 选择厂家货源

一件商品从生产厂家到买家手中，要经过许多环节，其基本流程如下：原料供应商→生产厂家→全国批发商→地方批发商→终端批发商→零售商→买家。

如果是进口商品，还要经过进口商、批发商、零售商等环节，涉及运输、报关、商检、银行和财务结算。经过如此多环节、多层次的流通组织和多次重复运输的过程，自然就会产生额外的附加费用。这些费用都会被分摊到每一件商品上，所以，对于一件出厂价格为2元的商品，买家往往需要花15元才能买得到。

如果卖家可以直接从厂家进货，有稳定的进货量，无疑可以拿到理想的价格。而且正规的厂家货源充足，信誉度高，如果长期合作的话，一般都能争取商品调换和退货还款。但是，能从厂家拿到的货源商品一般并不多，因为多数厂家不愿与小规模的卖家打交道，但有些线下不算热销的商品是可以从源头进货的。一般来说，厂家要求的起批量非常大。以外贸服装为例，厂家要求的批发量至少要在近百件或上千件，达不到要求是很难争取到合作的机会的。

通过下面几种办法，可以辨别厂家的实力。

（1）电话验证。通过114或电话黄页进行查询，核对对方的电话是否属实。一般正规厂家都很重视业务电话，都希望客户一查就能得知自己的电话号码，所以，厂家往往都会把电话号码予以登记。卖家除了查核电话号码登记问题外，还可以通过在不同时段给他们打电话来验证厂家是否正规。

（2）证件查询。卖家可以要求厂家提供工商"营业执照"和"税务登记证"等复印件。如果厂家以担心被非法利用为由而拒绝此要求，那么，可直接打电话到相关部门去查询。因为正规的厂家都必须正式登记在册，而从"税务登记证"上就可以看出对方是一般纳税人还是小规模纳税人或者甚至根本从未进行税务登记。

（3）价格辨别。卖家可以通过分析对方的定价模式来辨别其是否正规。正规厂家都有稳定的价格体系，而且通常是不会允许新买家随意讨价还价的。厂家内部的规章制度往往比较健全，所以，除了决策层外，任何员工都无权私下更改定价模式。卖家可以多次让他们对同一商品进行报价，也可以不断地让他们对各种商品进行报价，以此来分析他们的定价模式，看他们的价格体系是否稳定与完善。

（4）规模辨别。辨别厂家实力的要点就在于区别其生产经营规模的大小，评定世界财富500强时，其年销售额就是重要的指标之一。生产规模大、经营时间长、综合实力强的正规厂家，往往商品的品种也多、款式也全、生产经验也足。

## 1.3.2　大型批发市场

虽然从厂家进货可以掌握一手货源，利润比较大，但是一般的厂家都有一定的大客户，它们通常不会和小客户合作。批发市场的商品价格一般比较便宜，这也是大多数卖家选择最多的货源地。从批发市场进货一般有以下优势。

（1）批发市场的商品数量多、品种全、挑选余地大且容易"货比三家"。

（2）批发市场很适合兼职卖家，在这里，进货时间和进货量都比较自由。

（3）批发市场的价格相对较低，对于网店来说容易实现薄利多销。

与其他几种渠道相比，批发市场对于新手卖家的确是一个不错的选择。如果你刚好生活在大城市，周围有大型批发市场，不妨就去那里看一看吧，保证不会让你失望。多与批发商交往不但可以熟悉行情，还可以拿到很便宜的批发价格。

通过和一些批发商建立良好的供求关系，卖家能够拿到第一手的流行货品，而且能够保证商品价格处于低价位，这不但有利于商品的销售，而且有利于卖家积累信用。

卖家找到货源后可先进少量的货，在网上试卖一下，如果销量好再考虑增大进货量。在网上，有些卖家和批发商关系很好，往往是商品卖出后才去进货，这样既不会占用资金又不会造成商品的积压。总之，不管是通过哪种渠道寻找货源，低廉的价格都是关键因素。

---

📖 **小提醒**

批发商一般不会轻易地将最实在的价格告诉初次接触的客户，而是根据经验和标准去衡量，然后才酌情开价。钱货要当面清点，避免遭受损失，货品的清点不要怕麻烦，并应尽可能细致地检查。

---

### 1.3.3 电子商务批发网站进货

全国最大的批发市场主要集中在我国的几个大城市里，而且有很多卖家也没有条件千里迢迢地去这些批发市场。所以，阿里巴巴、生意宝等作为网络贸易批发的平台，充分显示了其优越性，为很多小地方的卖家提供了很大的选择空间。它们不仅查找信息方便，还专门为小卖家提供相应的服务，并且起批量很小。图1-10所示为在阿里巴巴网站进货。

电子商务批发网站进货

图1-10　在阿里巴巴网站进货

网上批发相较于传统渠道进货，具有以下优势。

（1）成本优势。可以省去来回去批发市场的时间成本、交通成本、住宿费、物流费用等。

（2）选购的紧迫性减少。由于时间所限，亲自去批发市场选购时不可能长时间慢慢地挑选，有些商品也许你并不看好但迫于进货压力不得不赶快选购，而在网上进货则可以慢慢挑选。

（3）批发数量限制优势。一般的网上批发基本上都是 10 件起批，有的甚至是 1 件起批，这样在一定程度上增大了选择余地。

（4）其他优势。网络进货能减少库存压力，还具有批发价格透明、款式更新等优点。

> ### 📖 小提醒
>
> 有部分阿里巴巴的卖家是不直接在阿里巴巴上买卖的，他们会给你一个他们厂家的相册。在你下订单后，他们会给你一个他们淘宝店的链接商品，让你拍下。这时一定要多加小心：一是要看这家淘宝网店的卖家是不是在阿里巴巴上跟你洽谈的人；二是要看清楚这家淘宝店铺的评价内容，客户对这批货物的评价如何。

## 📔 案例分析

### 东奔西跑不如在家淘宝，700 万农民在家就业

随着网购的快速普及，如今"淘宝村"越来越多。阿里研究院发布的 2019 年淘宝村、淘宝镇名单显示：截至 2019 年 6 月，全国共有 4 310 个淘宝村、1 118 个淘宝镇，共创造了 7 000 亿元的销售额，带动了 683 万个就业岗位。

山东省曹县大集乡，地理位置比较偏僻。全乡现有人口 4.45 万人，是一个传统意义上的农业乡镇，农民收入主要来自种植业、养殖业、农副商品加工或外出打工。在大集乡丁楼村，30 岁的小任是个外表文静的小姑娘。但这个小姑娘，却有着让人意想不到的决心和勇气。小任是一所名牌大学的大学生，却在毕业后放弃了在省会城市的工作，回家帮助父亲迅速打开了商品网上销路。考虑到未来的前景，小任只是淡淡地说了一句："与我专业对口的工作，在我看来，还不如开网店的就业前景好。至少现在看来，这个决定还没有什么问题。"

还有年过六十的老者，原来开杂货铺，每年收入只有 2 万元左右。而当他学会了计算机操作后，立马转而帮助开服饰加工厂的儿子经营网店，年收入也一跃成为 12 万元。

几乎每一个淘宝村都有一个特色产业，并带动其他产业的发展。20 世纪 90 年代初，丁楼村个别村民开始从事影楼生意。2010 年年底，个别村民在淘宝开设网店，结果订单不断，这让这群面朝黄土背朝天的农民看到了商机。于是周边亲友不断被吸引加入，带动了生产规模的急速扩大，最终形成以开淘宝网店为主的村落。2018 年，全村网店交易额达到 3.6 亿元，人均收入超过 10 万元。

目前，在丁楼村、张庄村的辐射带动下，周边村庄迅速跟进、积极响应并形成集群之势。目前，在大集乡已有近万名村民从事服饰加工和网络营销工作。

农村电商已然成为继传统电商、移动电商之后的又一个热点，可以预言，农村电商即将成为下一个淘金地，这里期待你的加入，以获取最大利润。电子商务对农村生活的影响已经显而易见，近些年全国各地涌现出越来越多的淘宝村便是很好的证明。电子商务已经成为农村青年创业的新渠道。在收入差不多的情况下，大部分人是不愿意来农村工作的，所以，淘宝村一定要做好本地村民的电商培训工作，同时用各种优惠政策让那些外出打工者返乡。

根据以上材料，分析以下问题。

1. 淘宝村为什么在中国能迅速发展壮大？
2. 淘宝村能否带动贫困村民脱贫？
3. 农村电商的发展前景如何？

## 课后习题

### 一、填空题

1. 经营者将待售商品的信息以图片和文字的形式发布到网店上。对商品感兴趣的浏览者通过_____向经营者付款。

2. 做出漂亮的商品图片对网上开店来说是一个至关重要的因素。现在的作图软件很多，建议学习使用_____。

3. 在人气高的网站上注册建立网店是目前国内最火的开店方式，目前常见的网上开店平台有_____、_____、_____等。

4. 网上开店，_____是一个很重要的环节，不管是通过哪种渠道寻找货源，只要找到了物美价廉的货源，你的网上商店就有了成功的基础。

### 二、思考题

1. 网上开店的条件有哪些？
2. 淘宝网的网上开店的流程有哪些？
3. 怎样选择合适的货源？
4. 网上批发有哪些优势？

## 技能实训

**实训一：熟悉常见的网上开店平台**
分别登录淘宝网、京东、微店，熟悉常见的网上开店平台。
**实训二：熟悉阿里巴巴网站进货**
登录阿里巴巴网站，熟悉如何在阿里巴巴网站进货。

# 第2章 商品发布与店铺设置

本章主要介绍如何发布商品、设置店铺。通过对本章的学习,读者可以对淘宝网的基本功能有一个初步的认识,初步了解店铺的设置与商品的发布,为深入学习淘宝网买卖交易打下基础。

# 2.1 商品发布

在淘宝网注册会员和开通支付宝后,卖家接下来就可以发布商品到网上店铺。在发布商品之前,首先应写好商品描述。

## 2.1.1 写好商品描述

在网上做生意,最重要的是如何把商品信息准确地传递给买家。图片传递给买家的只是商品的形状和颜色的信息,对于性能、材料、产地、售后服务等,必须通过文字方面的描述来进行说明。

在网上购物时,影响买家购买行为的一个重要因素就是商品描述,很多卖家也会花费大量的心思在商品描述上,但也有些卖家经过一段时间就会发现,虽然其花费大量的时间在商品描述上面,但是效果并不好,用户的转化率还是不高。这时需要卖家在填写商品描述信息时注意以下几个方面。

(1)首先要向供货商索要详细的商品信息。商品图片不能完全反映如材料、产地、售后服务、生产厂家、商品的性能等信息;相对于同类商品有优势和特色的信息一定要详细地描述出来,这本身也是商品的卖点。

(2)商品描述一定要精美,能够全面概括商品的内容、相关属性,最好能够介绍一些使用方法和注意事项,切实为买家考虑。

(3)商品描述应该使用"文字+图像+表格"的形式来描述,这样买家可以更加直观地看到商品,增加购买的可能性。

(4)参考同行店铺。可以去皇冠店转转,看看这些店铺的商品描述是怎么写的。要特别重视参考同行中做得好的店铺。

(5)在商品描述中也可以添加相关推荐商品,如本店热销商品、特价商品等,让买家更多地接触店铺的商品，增加商品的宣传力度。

（6）在商品描述中注意服务意识和规避纠纷，一些平时买家很关心的问题、有关商品问题的介绍和解释等都要有。

### 2.1.2　上传发布商品

商品可以在淘宝网上直接发布，也可以使用"淘宝助理"发布，使用淘宝助理发布商品的方法在下一节再讲，在这里先讲述在淘宝网上直接发布商品的方法。发布商品有两种方式，即一口价方式和拍卖方式。下面介绍一口价发布商品的方法，其具体操作步骤如下。

上传发布商品

（1）登录淘宝网，单击页面右上角的"千牛卖家中心"超链接，如图2-1所示。

图 2-1　单击"千牛卖家中心"超链接

（2）进入"千牛卖家工作台"页面，单击页面左侧的"宝贝管理"（"宝贝"即卖家对提供商品或服务的爱称）下面的"发布宝贝"超链接，如图2-2所示。

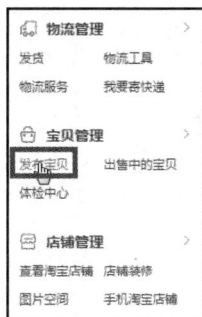

图 2-2　单击"发布宝贝"

（3）在打开的网页中，选择要发布商品的类目，然后单击"下一步，发布商品"按钮，如图2-3所示。

图 2-3  单击"下一步,发布商品"按钮

(4)在打开的网页中,根据提示输入发布商品的"宝贝类型""宝贝标题""类目属性"等基础信息,如图 2-4 所示。

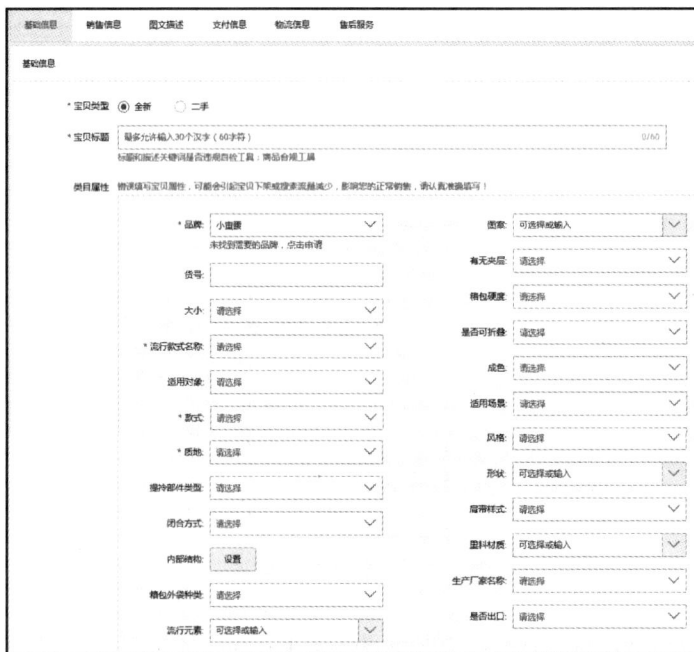

图 2-4  商品基础信息

（5）接下来填写商品的销售信息，如图 2-5 所示。

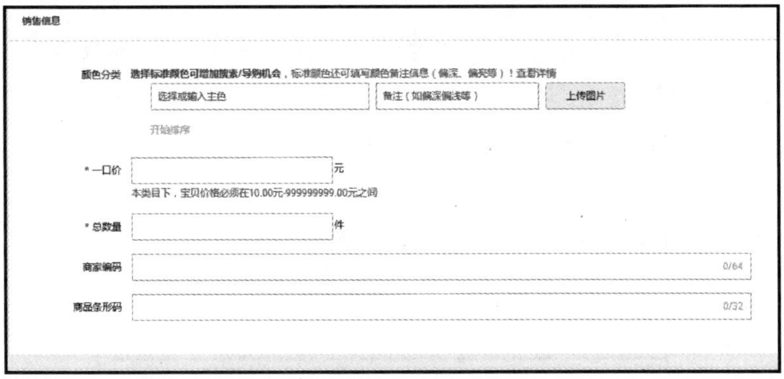

图 2-5　填写商品的销售信息

（6）填写商品的图文描述信息，如图 2-6 所示。

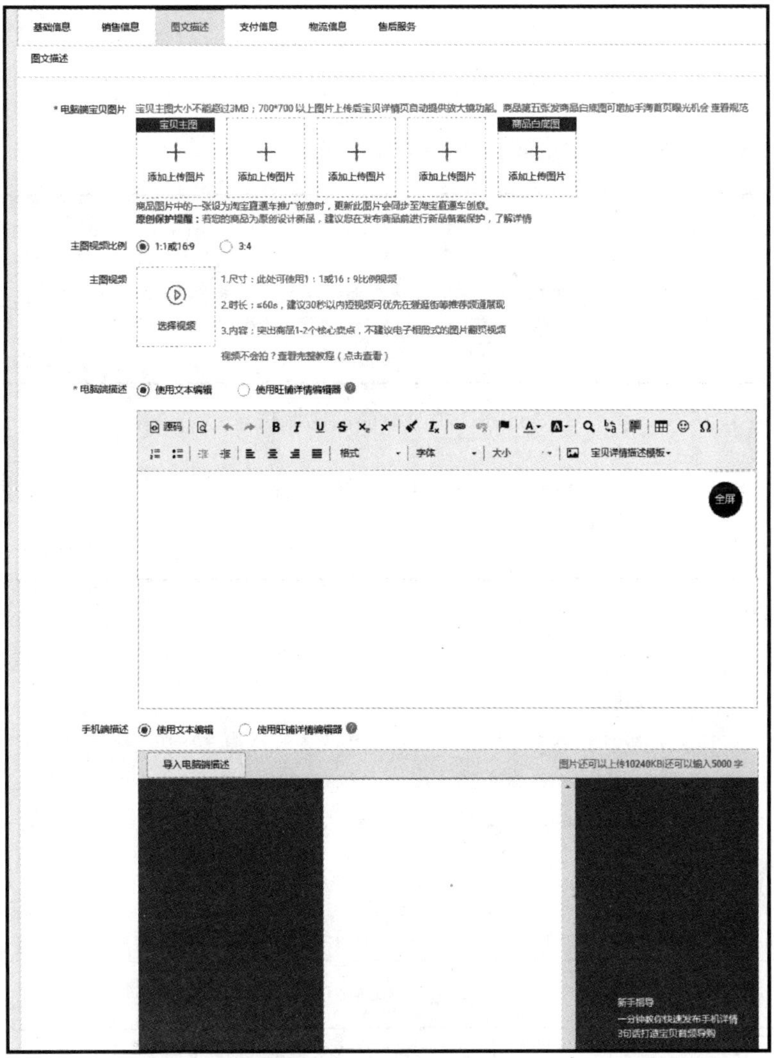

图 2-6　填写商品的图文描述信息

在淘宝网上开店，商品图片是给买家的第一印象，一张美观、专业的商品图片可以吸引买家的注意。获得商品图片的方法有以下3种。

（1）厂家直接提供或从商品厂家的网站上下载。

（2）将商品或商品手册进行扫描。

（3）用数码相机拍摄，拍摄后将图片传输到计算机中。

（7）填写支付信息，如图2-7所示。

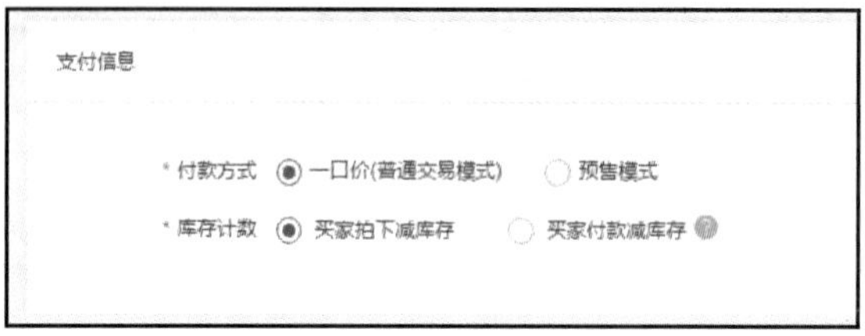

图 2-7　填写支付信息

（8）填写商品的物流信息，如图2-8所示。

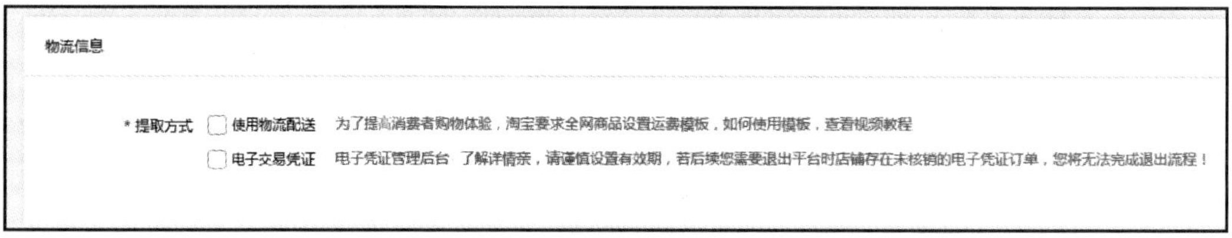

图 2-8　填写商品的物流信息

（9）填写商品的售后服务信息，最后单击"提交宝贝信息"按钮，商品发布成功，如图2-9所示。

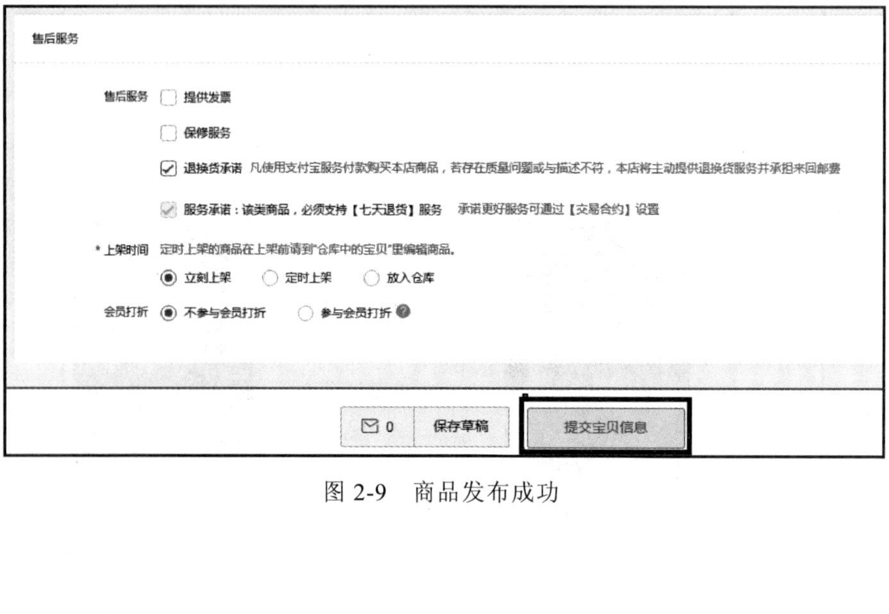

图 2-9　商品发布成功

# 2.2　淘宝助理的使用

淘宝卖家会发现如果店铺的商品比较少，可以一件一件地发布商品。当商品比较多，如有成千上万件商品时，再一件一件地上传商品，就比较费劲了。而且商品多了之后，卖家还需要对商品进行各种管理。本节主要介绍淘宝助理上传和管理商品的使用方法，包括上传商品、批量编辑商品、导出备份商品。

## 2.2.1　上传商品

淘宝助理上传商品操作很简单，创建编辑完商品后，卖家可以将它们一次性地全都上传到淘宝网站上，新建的商品将作为新商品出现在店铺中，而修改的商品将更新现有店铺中的商品信息。

利用淘宝助理上传商品，卖家具体操作步骤如下。

（1）在桌面上找到已经安装好的淘宝助理软件，双击启动淘宝助理，输入会员名和密码，如图 2-10 所示。

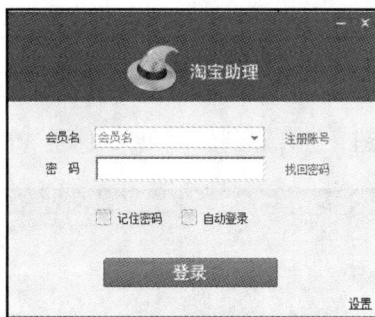

图 2-10　输入会员名和密码

（2）单击"登录"按钮，登录淘宝助理，如图 2-11 所示。

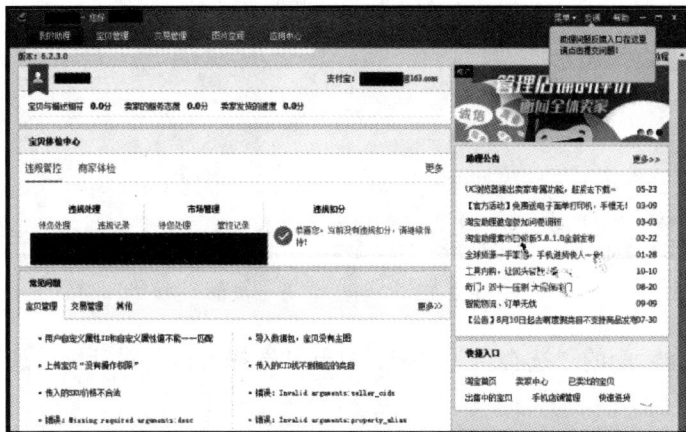

图 2-11　登录淘宝助理

（3）单击导航菜单中的"宝贝管理"按钮，打开"宝贝管理"页面，如图 2-12 所示。

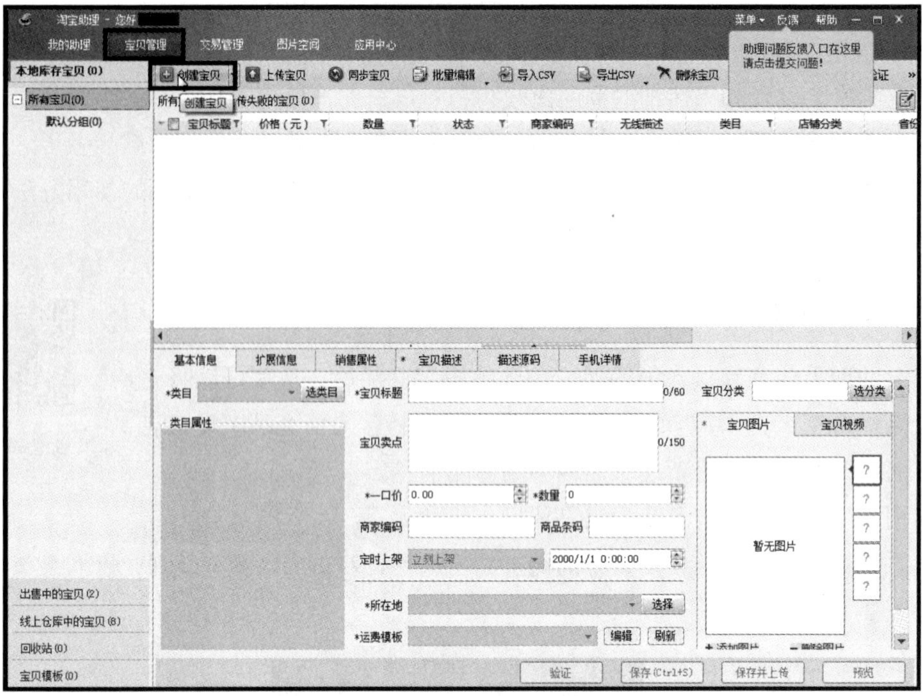

图 2-12 "宝贝管理"页面

（4）单击"创建宝贝"按钮，打开"创建宝贝"页面，填写基本信息，如图 2-13 所示。

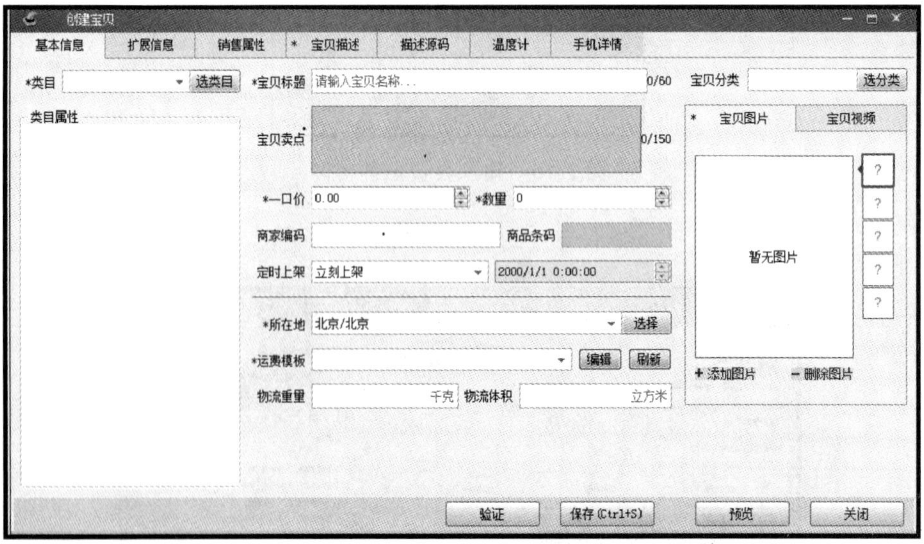

图 2-13 "创建宝贝"页面

（5）单击类目后面的"选类目"按钮，打开"选择类目"对话框，选择合适的类目，如图 2-14 所示。

（6）单击"确定"按钮，添加类目，设置类目属性，如图 2-15 所示。

网店运营与推广从入门到精通（微课版）

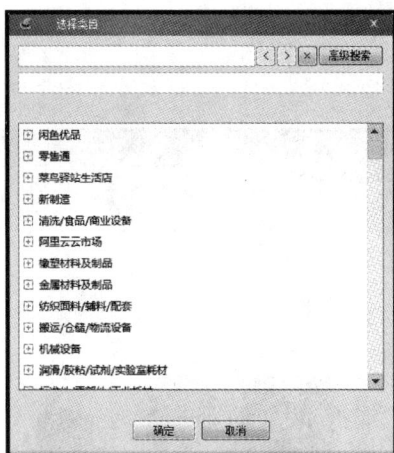

图 2-14　选择类目

图 2-15　设置类目属性

（7）单击"宝贝图片"下面的"添加图片"超链接，打开"选择图片"对话框，如图 2-16 所示。

图 2-16　"选择图片"对话框

（8）单击"选择要上传的图片"按钮，打开"选择图片"对话框，在本地文件夹中选择图片文件，如图2-17所示。

图2-17 "选择图片"对话框

（9）单击"打开"按钮，添加图片文件，如图2-18所示。

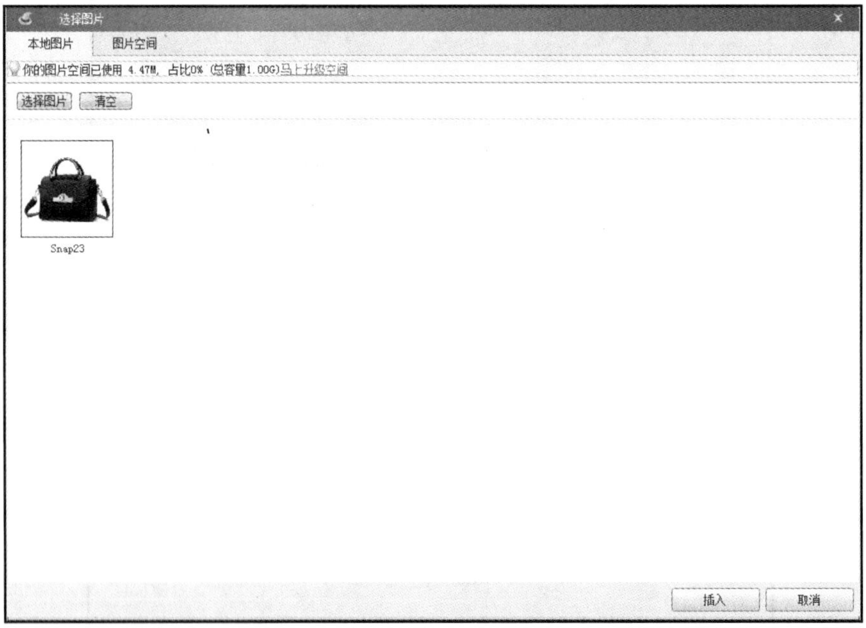

图2-18 添加图片文件

（10）单击底部的"插入"按钮，即可成功添加图片，如图2-19所示。

（11）单击"宝贝描述"导航按钮，打开"宝贝描述"对话框，输入"宝贝描述"，如图2-20所示。

（12）单击"销售属性"导航按钮，单击勾选颜色分类并设置销售属性，如图2-21所示。

网店运营与推广从入门到精通（微课版）

图 2-19　添加图片

图 2-20　输入"宝贝描述"

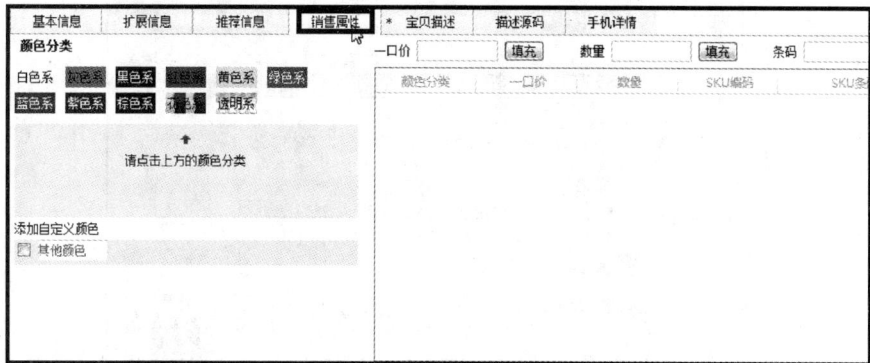

图 2-21　设置销售属性

（13）单击"保存并上传"按钮，打开"上传宝贝"对话框，如图 2-22 所示。

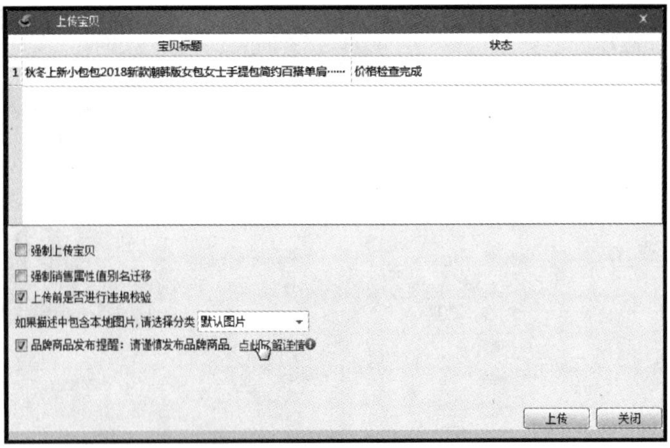

图 2-22 "上传宝贝"对话框

（14）单击"上传"按钮，成功上传商品，如图 2-23 所示。添加商品的效果展示如图 2-24 所示。

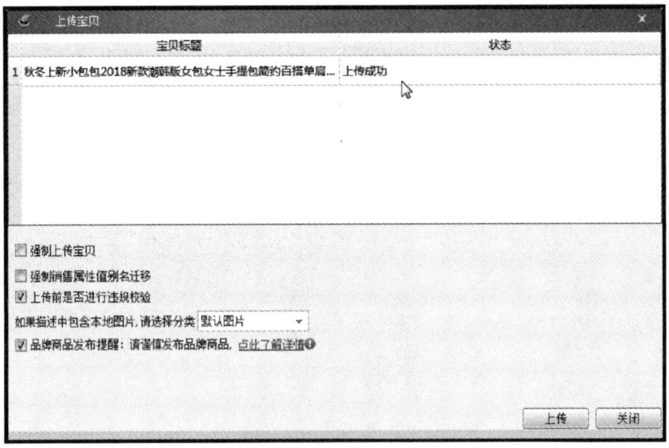

图 2-23 上传商品

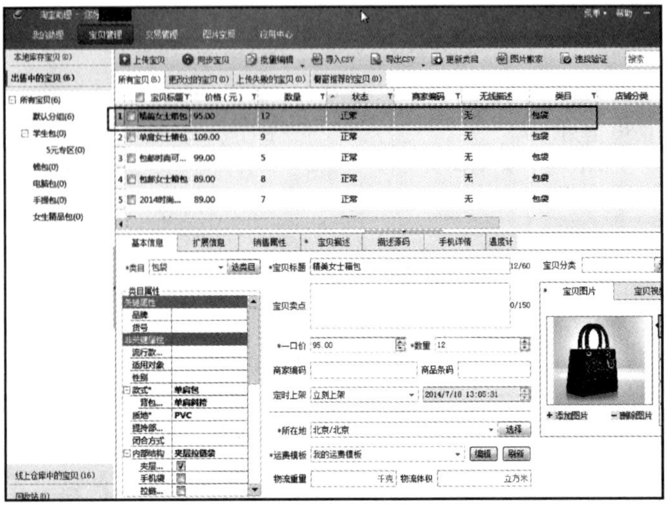

图 2-24 添加商品的效果展示

## 2.2.2 批量编辑商品

淘宝助理可以批量编辑商品，对商品描述、类目、属性全新改版，为卖家节省宝贵的时间。例如，批量修改 100 件商品的标题，可以为这些标题增加相同的前缀，或者替换这些标题中的特定文字。修改后批量上传，无须人工操作。通过批量打印快递单、发货单，卖家既可以省下大量人工填写工作，又可以自定义打印模板。通过批量发货、批量好评，卖家可以减少手工操作的时间。

淘宝助理批量修改商品信息的具体操作步骤如下。

（1）登录淘宝助理，单击"出售中的宝贝"超链接，如图 2-25 所示。

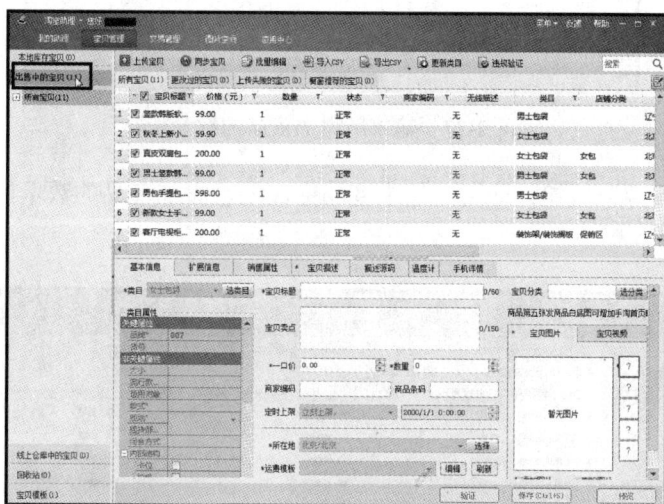

图 2-25　单击"出售中的宝贝"超链接

（2）打开"宝贝管理"页面，单击勾选多个商品，单击"批量编辑"|"宝贝数量"超链接，如图 2-26 所示。

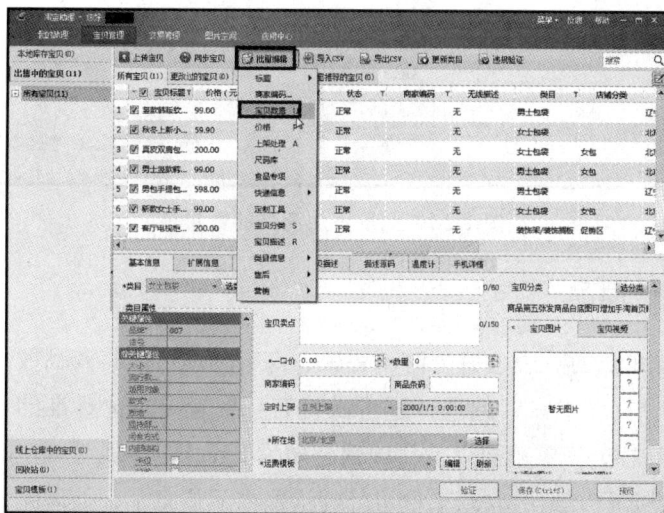

图 2-26　单击勾选多个商品

（3）打开"宝贝数量"对话框，在"新的数量"中输入新添加商品的数量值，如图 2-27 所示。

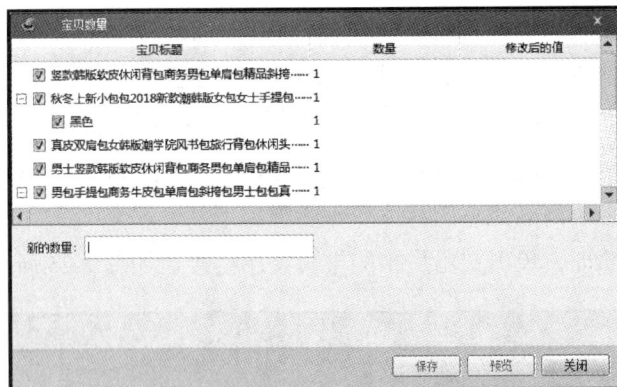

图 2-27　输入新添加商品的数量值

（4）单击"保存"按钮，即可对选中商品完成批量添加商品的数量值，效果如图 2-28 所示。

图 2-28　批量添加商品的数量值

## 2.2.3　导出备份商品

为了保护卖家的数据在发生意外时不丢失，淘宝助理可以将商品数据导出到一个备份文件中保存起来，还可以将商品批量导出为标准的 CSV 文件格式。这样，卖家就可以使用微软公司的 Excel 工具或者其他编辑工具，甚至是自己开发的软件来批量处理这些商品信息了，处理完成后还可以将结果导回到淘宝助理中。

导出备份商品

卖家导出标准的 CSV 文件格式的具体操作步骤如下。

（1）登录淘宝助理，单击"宝贝管理"超链接，打开"宝贝管理"页面。勾选商品，单击"导出 CSV" | "导出勾选宝贝"超链接，如图 2-29 所示。

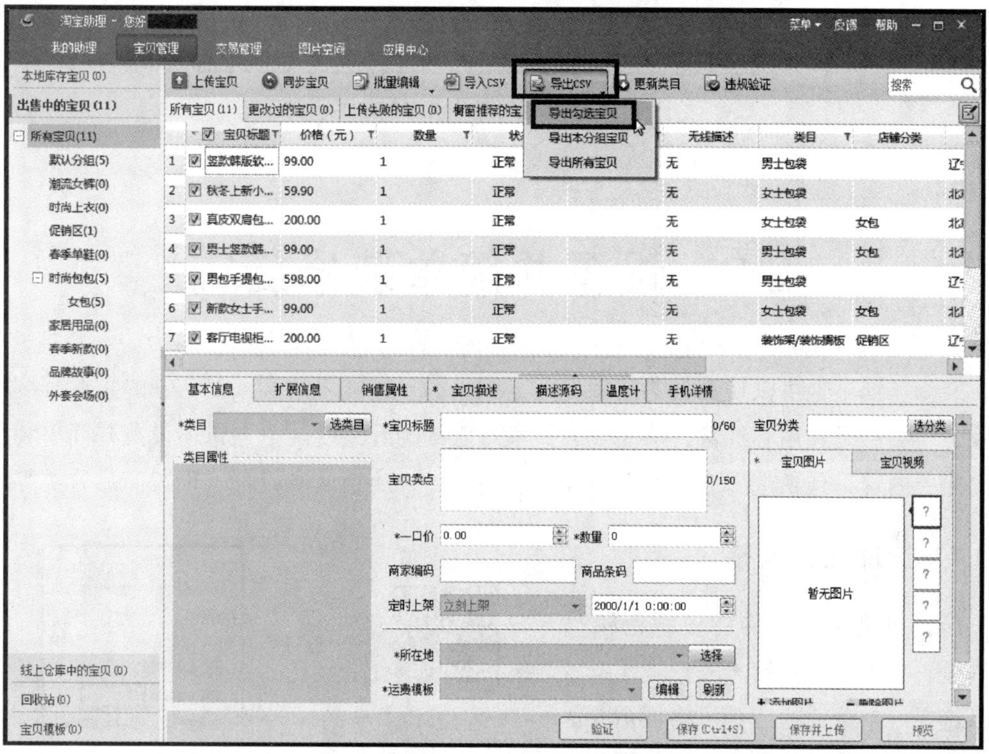

图 2-29　单击"导出勾选宝贝"超链接

（2）打开"保存"对话框，选择要存储的位置，如图 2-30 所示。

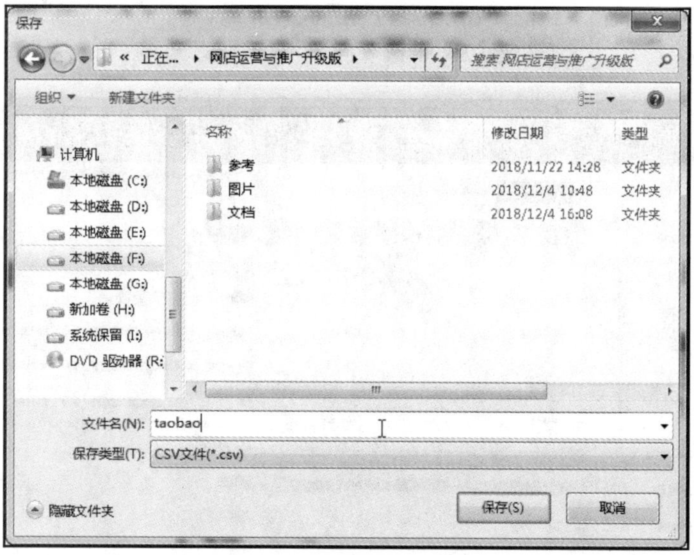

图 2-30　"保存"对话框

（3）单击"保存"按钮，即可成功导出 CSV 文件，如图 2-31 所示。

图 2-31　成功导出 CSV 文件

# 2.3　设置并简单装修店铺

装修店铺不但可以使卖家的店铺更加美观，而且还能表达卖家对店铺的重视程度，使买家觉得卖家是在用心经营，从而提高买家对店铺的好感度。下面讲述设置并简单装修店铺的相关内容，包括选择店铺风格、设置店铺公告、店铺基本设置、设置商品分类等。

## 2.3.1　选择店铺风格

店铺风格是店铺的背景颜色和元素基调，决定了店铺给人的直观印象，所以选择一个合适的店铺风格很重要。选择店铺风格的具体操作步骤如下。

选择店铺风格

（1）登录淘宝，进入"千牛卖家中心"页面，单击"店铺装修"超链接，如图 2-32 所示。

（2）进入"手机端"页面，单击左侧的"模板"按钮，如图 2-33 所示。

图 2-32　单击"店铺装修"超链接

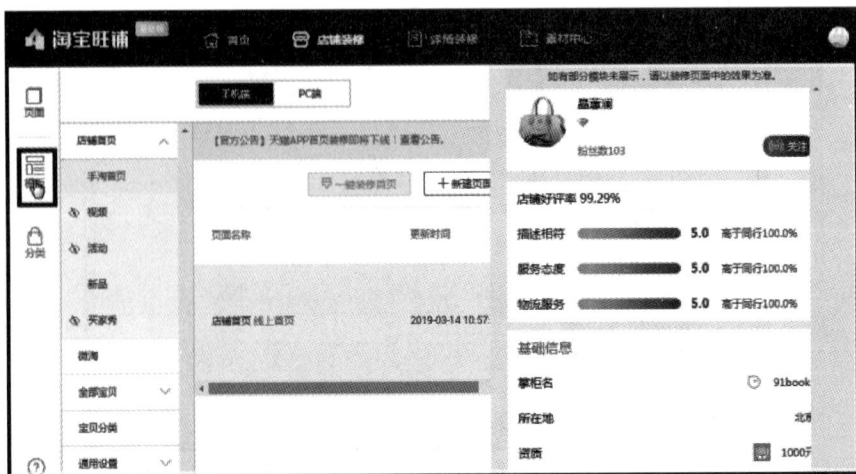

图 2-33　单击左侧的"模板"按钮

（3）单击"PC 端"按钮，切换至 PC 端，如图 2-34 所示。

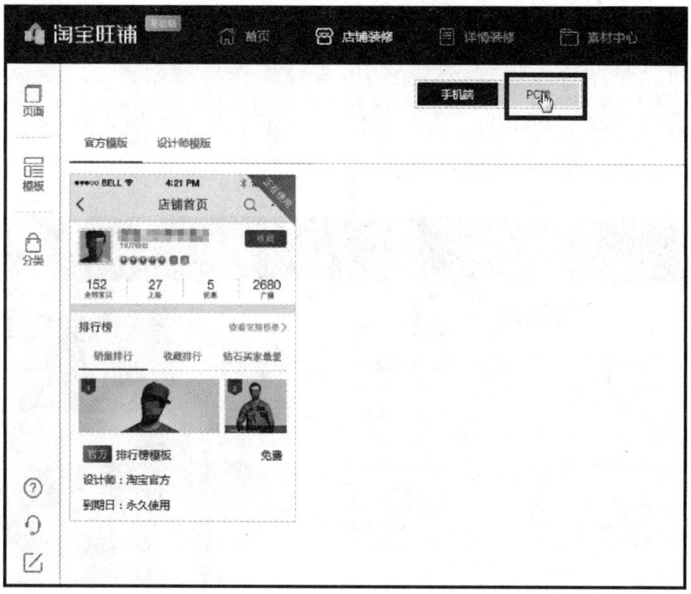

图 2-34 切换至 PC 端

（4）进入"电脑端模板"页面，选择相应的配色方案，如在这里选择"粉红色"，在可用的模板下选择适合的模板。选择模板如图 2-35 所示。

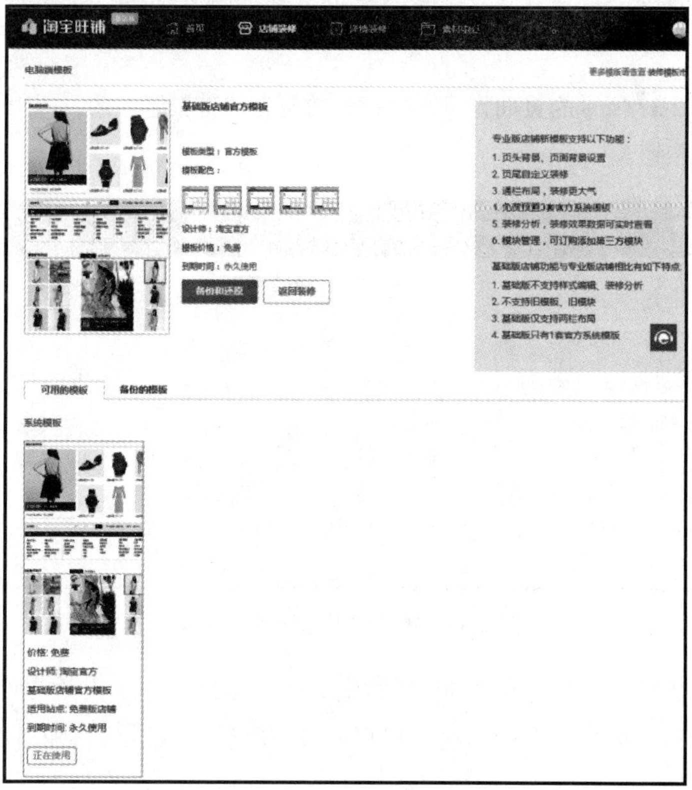

图 2-35 选择模板

## 2.3.2 设置店铺公告

店铺公告是买家进入店铺后对店铺的第一印象，店铺公告中的内容可以是文字，也可以是图片。设置店铺公告的具体操作步骤如下。

（1）单击"店铺管理"下面的"店铺装修"超链接，打开图 2-36 所示的"店铺装修"页面，单击顶部的"PC 端"按钮。

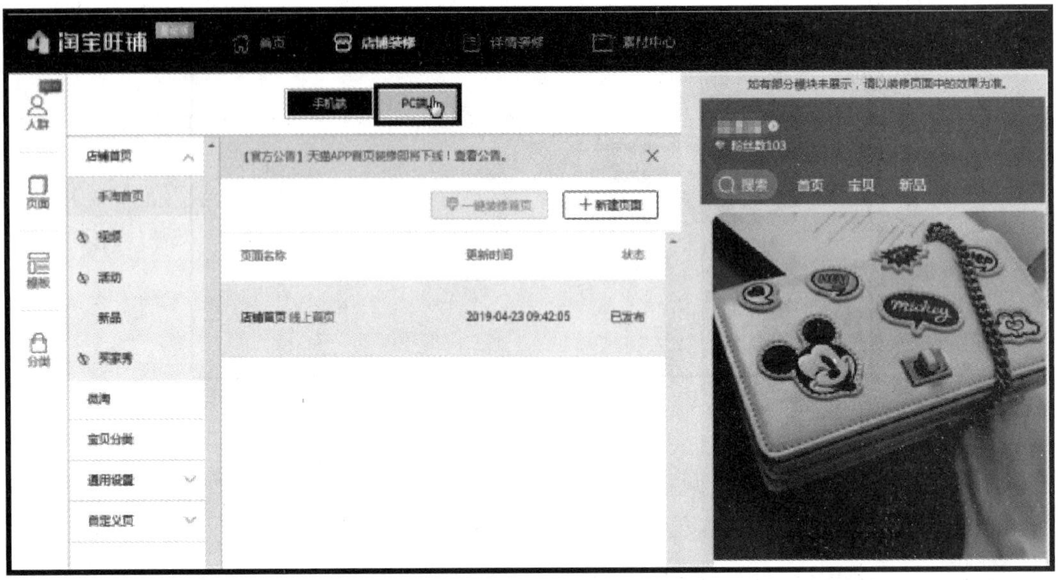

图 2-36 店铺装修

（2）打开图 2-37 所示的页面，将鼠标指针放置在"首页"上面，即出现两个按钮，单击"装修页面"按钮。

图 2-37 单击"装修页面"按钮

（3）单击"店铺公告"页的"编辑"按钮，如图 2-38 所示。

（4）弹出"店铺公告"页面，在这里可以设置字体样式、颜色和超链接，如图 2-39 所示。

网店运营与推广从入门到精通（微课版）

图 2-38　单击"编辑"按钮

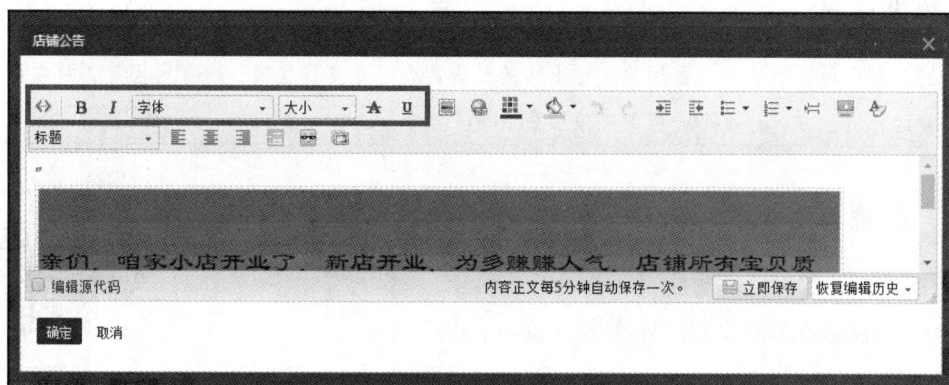

图 2-39　设置字体样式、颜色和超链接

（5）单击"插入图片"按钮■，弹出"图片"对话框，如图 2-40 所示。

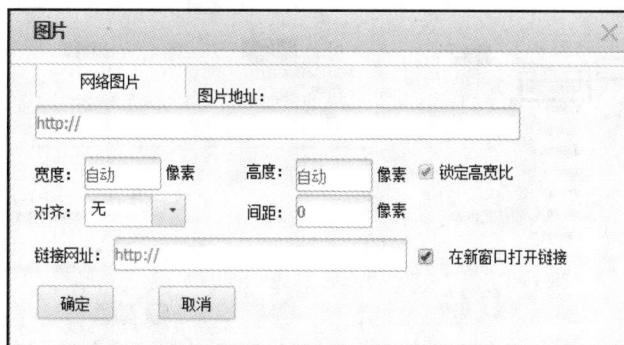

图 2-40　"图片"对话框

（6）还可以单击"插入图片空间图片"按钮■，插入图片空间的图片，如图 2-41 所示。

第2章　商品发布与店铺设置

31

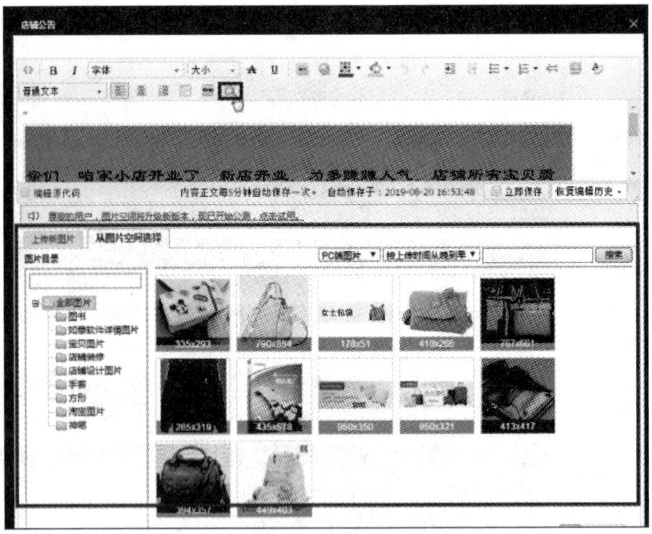


图 2-41　插入图片空间的图片

**小提醒**

可以自己做一个店铺公告图片，写上店铺公告内容，如发货快递、发货时间等，放在店铺首页最醒目的地方，让每个进店的买家都能看到。

## 2.3.3　店铺基本设置

店铺基本设置

店铺基本设置包括填写店铺名称、店铺简介、经营地址、主要货源、店铺介绍。店铺基本设置的具体操作步骤如下。

（1）登录淘宝，单击“千牛卖家工作台”下面的“店铺管理”下面的“店铺基本设置”超链接，如图 2-42 所示。

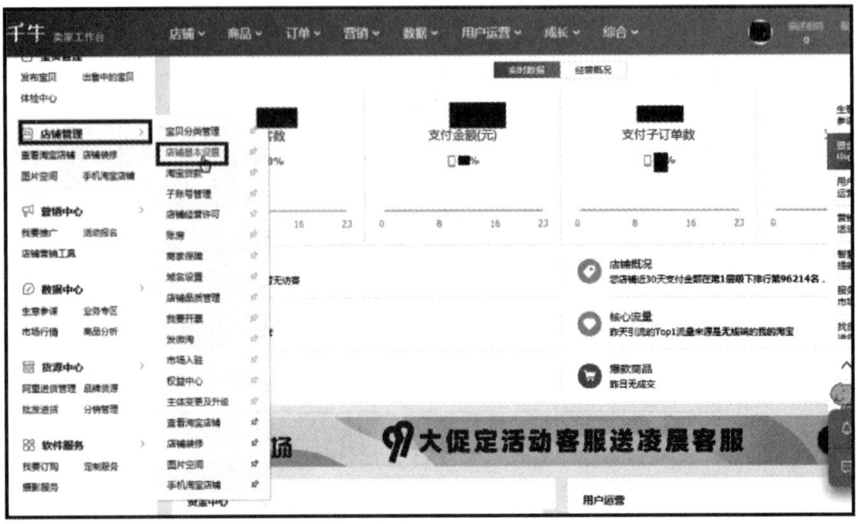


图 2-42　单击“店铺基本设置”超链接

（2）进入"店铺基本设置"页面，给店铺起一个名字，填写店铺名称、店铺简介、经营地址、主要货源、店铺介绍，单击"店铺标志"后的"上传图标"按钮，如图 2-43 所示。

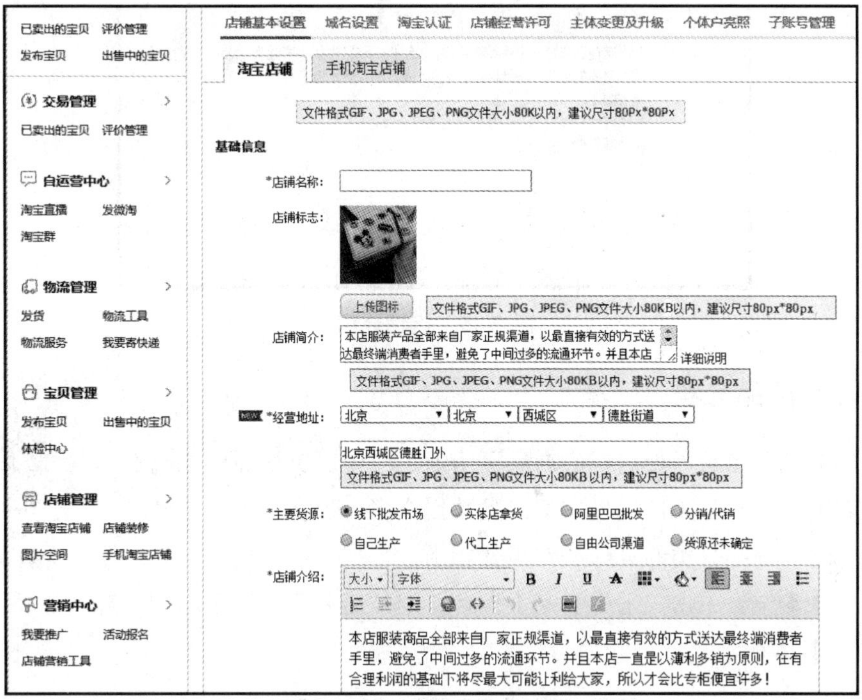

图 2-43　店铺基本设置

（3）弹出"打开"对话框，选择想要上传的图片，单击"打开"按钮上传店标，如图 2-44 所示。

图 2-44　"打开"对话框

（4）在"店铺介绍"下面的文本框中输入店铺的简单介绍，如图2-45所示。

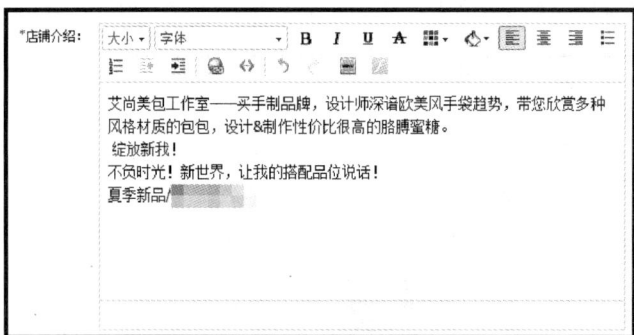

图 2-45　店铺介绍

### 2.3.4　设置商品分类

合理的商品分类可以使店铺的商品更清晰，方便买家快速浏览与查找自己想要的商品。如果店铺发布的商品数目众多，那么合理的分类就显得尤为重要，商品分类的具体操作步骤如下。

设置宝贝分类

（1）登录淘宝，单击"千牛卖家工作台"中"店铺管理"下面的"宝贝分类管理"超链接，如图2-46所示。

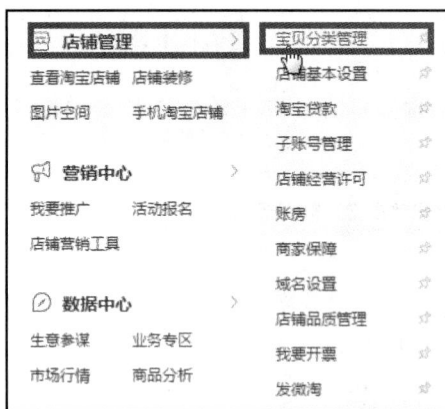

图 2-46　单击"宝贝分类管理"超链接

（2）在"店铺管理"页面中，单击"添加手工分类"按钮，将在"添加新分类"按钮的上面出现一个商品分类，在"分类名称"文本框中输入分类的名称。商品分类管理如图2-47所示。

（3）单击"添加图片"按钮，将出现一个对话框，如果添加的是网络图片，直接在文本框中输入图片的地址即可，单击"确定"按钮；也可以选择"插入图片空间图片"单选按钮，插入图片空间的图片，如图2-48所示。

（4）如果要添加子分类，单击"添加子分类"按钮，填写子分类的内容。添加子分类如图2-49所示。

图 2-47　商品分类管理

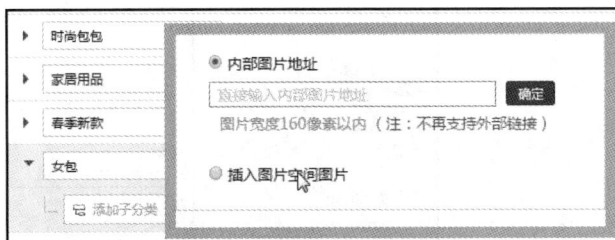

图 2-48　插入图片

图 2-49　添加子分类

（5）单击上箭头和下箭头可以将商品分类上移或下移，如图 2-50 所示。

（6）设置完毕，单击右上角的"保存更改"按钮。单击"查看淘宝店铺"超链接，如图 2-51 所示。

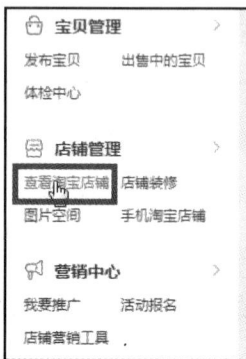

图 2-50 将商品分类上移或下移

图 2-51 单击"查看淘宝店铺"超链接

**案例分析**

### 退休大妈网上开店

全民创业的环境让无数人对网上开店趋之若鹜，包括刚毕业的大学生、失业人员、有着稳定收入的在职者等。甚至连一些退休的老人也在网上找到了创业的机会。这些老人通过网络将自己的生意打理得有声有色，同时也打破了人们印象中网络是年轻人创业世界的惯性思维。

1．年近古稀开始创业

75 岁的何大妈是一位退休老人，有一次在旅游途中遇到一些传统的手工艺人，艺人们哀叹传统手工艺无人青睐，即将失传。喜欢民族手工艺的她回家后，就将这些遗憾讲给了其他几位志同道合的退休老人听，大家一拍即合，就萌生了要保护传统手工艺的想法。

开店创业的起步资金用的是养老金和积蓄，店铺开在当时非常繁华的地段。一开始因为没有充足的货源，何大妈根据当初在厂里做业务、销售的经验，采用优势互补原则，利用好地段、用最少的资金代别人展示手工艺品收取租金的方法，挖掘了第一桶金。然而，正当生意渐有起色之时，2003年的"非典"冲击旅游业，也给小店生意带来了重创。于是，老人们无奈地退还了房租，来到了一间面积仅7平方米的店面中，继续坚持当初的梦想。

2. 老人"触网"开店

老年人开店铺既可以丰富生活，又可以继续实现个人价值，如果选择的是自己很感兴趣的项目，则更能发挥特长。买家也有"老奶奶情怀"，这样的店买家忠诚度更高，而且因为有特色而不容易被复制，很容易积累大量忠诚买家。

网络平台太大了，坐在家里不仅能和全国各地的网友对话，买家对商品有兴趣的话，还能通过发邮件、发传真直接与卖家联系。

设计店标、处理商品图片、发布商品、进货、管理店铺客服人员。何大妈每天的生活过得都很充实，对于每位买家，她都会认真回复。希望通过她微薄的力量，展示、宣传古老的手工艺，让其得以延续。

根据上述材料和本章内容，分析以下问题。

1. 老人开店铺有什么优势？

2. 怎样在淘宝网开店并发布商品？

## 课后习题

### 一、填空题

1. _____在网络营销中起着至关重要的作用，不但可以增加在商品搜索列表中被发现的概率，而且直接影响买家的购买决策。

2. 淘宝将_____的字数规定在30个汉字（60个字符）以内，关键字越多被搜索到的可能性越大。

3. 在网上购物，影响买家是否购买的一个重要因素就是_____，很多卖家也会花费大量的心思在_____上。

4. 商品既可以在淘宝网上直接发布，也可以使用_____发布。

### 二、思考题

1. 什么是好的商品图片？

2. 在填写商品描述信息时应注意哪些方面？

3. 如何设置店铺公告？

4．如何给淘宝店铺设置商品分类？

## 技能实训

实训一：发布商品

1．登录淘宝网，登录淘宝网后台，在淘宝网上直接发布商品。

2．安装淘宝助理软件，利用淘宝助理上传发布商品。

实训二：设置并简单装修店铺

1．登录淘宝网后台，设置店铺公告。

2．设置店铺名称、店铺简介、经营地址、主要货源、店铺介绍。

3．设置商品分类。

# 第3章 网店日常管理

了解网店运营的基础知识、商品发布与网店设置后，接下来就要了解淘宝开店中的日常管理过程，内容涉及千牛工作台管理、商品交易管理、订单管理等，本章将一一进行阐释。

# 3.1 千牛工作台管理

千牛工作台是淘宝和阿里巴巴为用户量身定做的免费网上商务交流沟通软件。它能帮卖家轻松找到买家，发布、管理信息，及时把握商机，随时洽谈生意。

## 3.1.1 使用千牛软件查找并添加买家

在淘宝开店的卖家，每天首先要做的事情就是登录千牛工作台，与买家交流，进行交易管理。使用千牛工作台添加联系人进行聊天的具体操作步骤如下。

使用千牛软件查找并添加买家

（1）登录淘宝网，搜索想要购买的商品并打开具体页面，单击"和我联系"按钮，如图 3-1 所示。

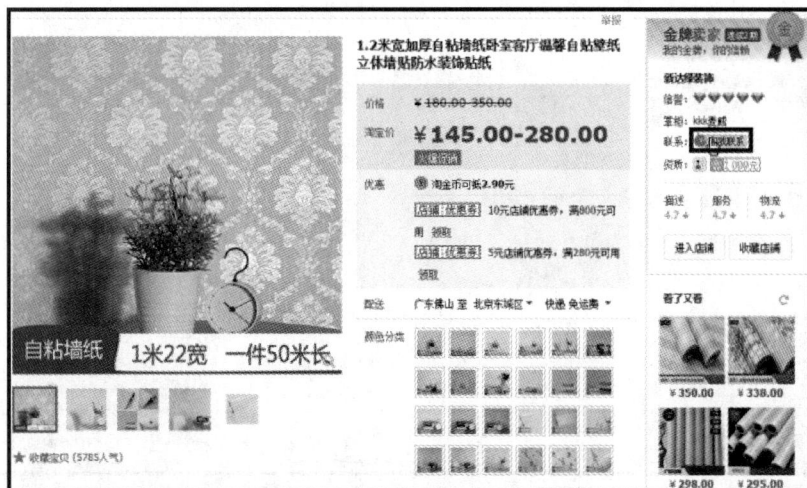

图 3-1　单击"和我联系"按钮

（2）打开"接待中心"对话框，此时在千牛名称的后面显示为"陌生人"字样，单击顶部的"加为我的好友"按钮，如图 3-2 所示。

图 3-2　单击顶部的"加为我的好友"按钮

（3）提示添加好友成功，选择相应的组，如图 3-3 所示。

（4）单击"完成"按钮，此时在千牛名称的后面显示为"淘宝好友"字样，就可以在千牛工作台中进行聊天了，如图 3-4 所示。

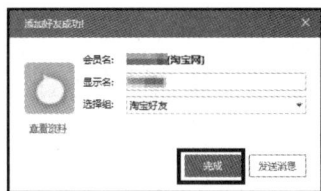

图 3-3　添加好友成功

图 3-4　在千牛工作台中进行聊天

### 3.1.2　加入别人建立的群

千牛是类似于 QQ 和 MSN 的一款即时通信软件，很多淘友都喜欢用它来聊天。加入群的具体操作步骤如下。

（1）登录千牛工作台，将鼠标指针置于千牛工作台左上角的"好友和群"文本框中，输入想要添加的群号码，如图 3-5 所示。

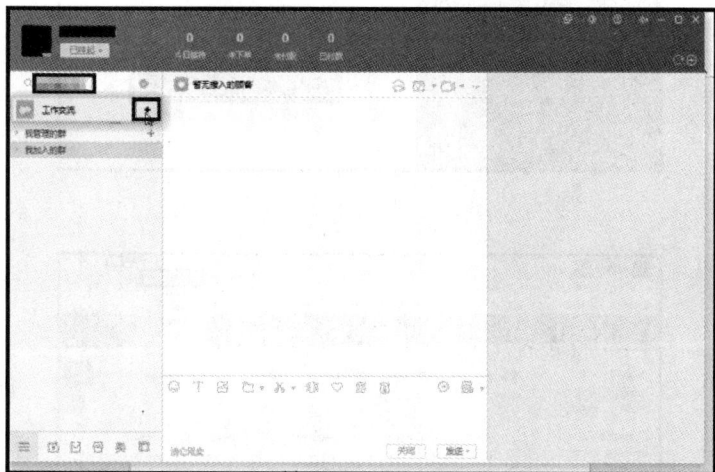

图 3-5　添加群

（2）单击加号按钮，弹出"加入群验证"对话框，输入验证信息，单击"发送验证"按钮，如图 3-6 所示。通过验证后即可成功加入该群。

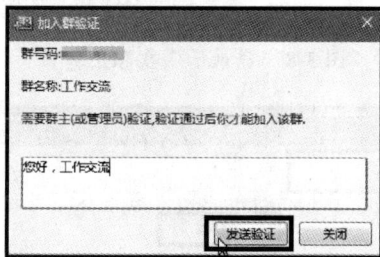

图 3-6　输入验证信息

### 3.1.3　迅速回复买家

当买家向你咨询时，如果你在线，就要立即回复对方；如果你不在线，就要设置千牛自动回复，以免让买家久等。其具体操作步骤如下。

（1）打开千牛客户端，输入用户名和密码，单击"登录"按钮，如图 3-7 所示。

迅速回复买家

（2）登录千牛卖家工作台，单击右上角的"设置"按钮，如图 3-8 所示。

（3）系统会弹出"系统设置"对话框，切换至"接待设置"，单击左侧的"自动回复"按钮，如图 3-9 所示。

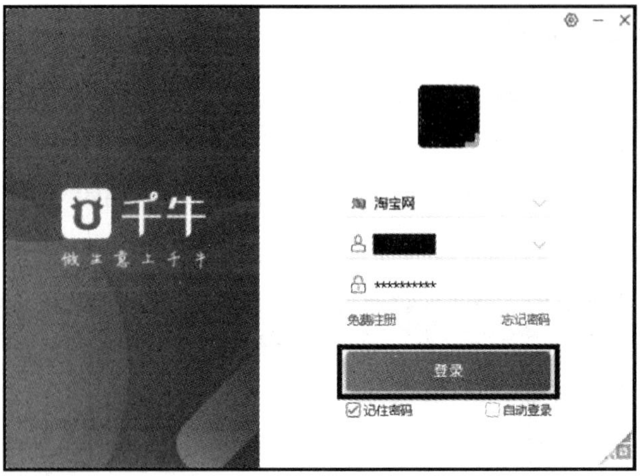

图 3-7　打开千牛客户端

图 3-8　登录千牛卖家工作台

图 3-9　"系统设置"对话框

（4）在"自动回复"对话框中选择"自动回复短语"，单击"新增"按钮，如图 3-10
所示。

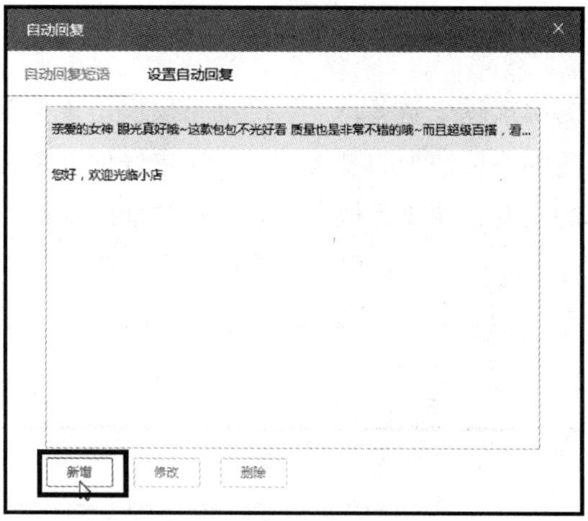

图 3-10 "自动回复"对话框

（5）打开"新增自动回复"对话框，输入自动回复的内容，单击"保存"按钮，如图 3-11 所示。

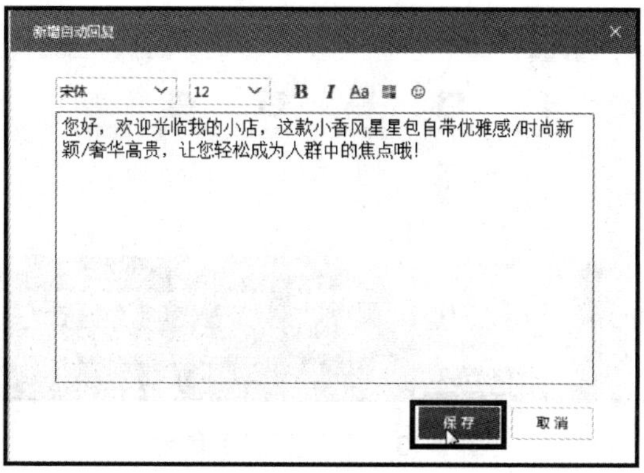

图 3-11 输入自动回复的内容

（6）此时新增自动回复内容，如图 3-12 所示。

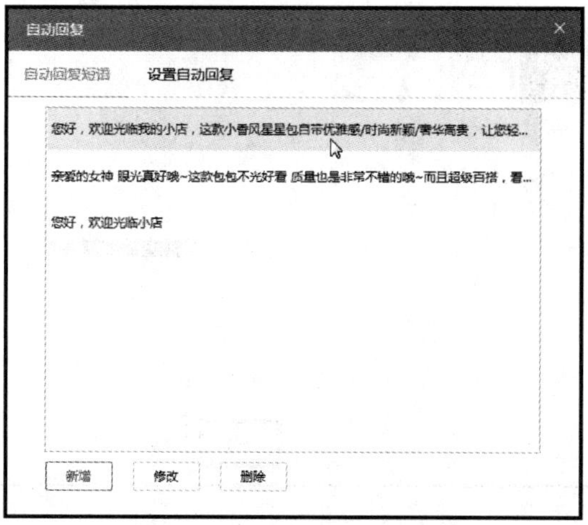

图 3-12 新增自动回复

### 3.1.4 巧设千牛，让别人用关键词找你

巧设千牛，让别人用关键词找你

随着在淘宝网开店的卖家越来越多，千牛已经不仅仅是买卖双方交易的工具，更是人们生活中不可缺少的聊天工具。在更好地推销自己网店的同时找到志趣相投的朋友，便成为很多卖家大伤脑筋的事情。下面将介绍如何通过关键词让更多的朋友找到你，其具体操作步骤如下。

（1）卖家登录千牛卖家工作台后，将鼠标指针放在用户名上，即可弹出用户信息资料，如图3-13所示。

图3-13　千牛卖家工作台

（2）单击头像，弹出"我的资料"对话框，单击底部的"编辑"按钮，如图3-14所示。

图3-14　"我的资料"对话框

（3）在"签名"文本框中设置个性签名，即被搜索时的关键词，然后单击"确定"按钮，如图 3-15 所示。

图 3-15　设置个性签名

**小提醒**

**怎样选取关键词？**

无论是直接从题目中抽取的名词，还是从小标题、正文或摘要中抽取的词汇，都要把握好"度"，且必须标注单一的概念，而非复合概念。因此，在选取关键词时，一定要进行仔细界定。

# 3.2　商品交易管理

从修改商品价格、在线订单发货到买家的好评，这个过程要做很多重复、单调的工作，不管这些管理工作有多么枯燥，每一个卖家都必须认真、负责地去做。

## 3.2.1　修改商品价格

网上卖东西与实体店一样，经常会遇到讨价还价的买家，这时可以修改最初设定的商品价格，从而完成商品的交易过程，其具体操作步骤如下。

修改商品价格

（1）登录"我的淘宝"，进入千牛卖家工作台，单击"已卖出的宝贝"超链接，进入"已卖出的宝贝"页面。单击宝贝价格下边的"修改价格"超链接，如图 3-16 所示。

（2）在弹出的列表框中修改商品的价格，输入"折扣"，或者单击"免运费"按钮，都可以修改商品价格，之后单击"确定"按钮，如图 3-17 所示。

图 3-16　单击"已卖出的宝贝"超链接

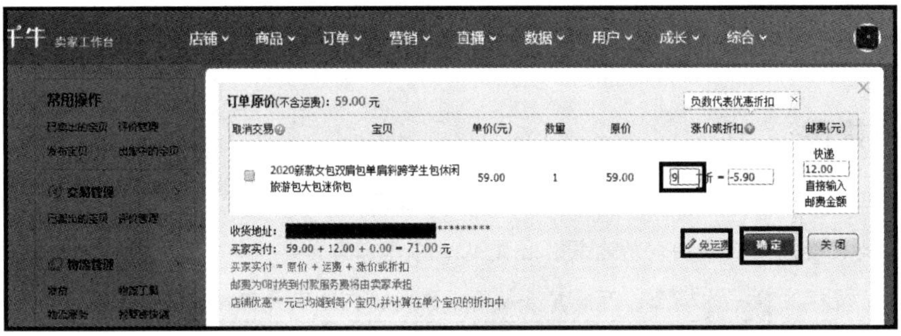

图 3-17　修改商品价格

（3）这时即可成功修改商品价格，如图 3-18 所示。

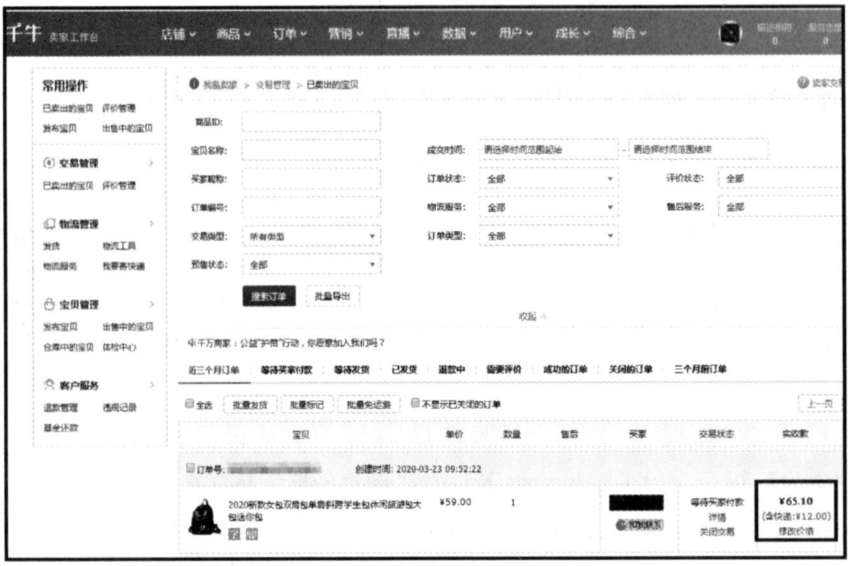

图 3-18　成功修改商品价格

## 3.2.2 在线订单发货

买家付款后,商品的交易状态变成"买家已付款",此时卖家可以联系物流公司在线发货,其具体操作步骤如下。

(1)登录"我的淘宝",进入千牛卖家工作台,单击"交易管理"下的"已卖出的宝贝"超链接,进入"已卖出的宝贝"页面,如图3-19所示。

图 3-19 "已卖出的宝贝"页面

(2)单击需要发货的商品后面的"发货"按钮,进入确认收货信息及交易详情页面,如图3-20所示。确认完毕后,选择想要的物流公司,单击"确定"按钮,即可成功发送货物,如图3-21所示。

图 3-20 确认收货信息及交易详情页面

图 3-21　成功发送货物

### 3.2.3　给买家评价

淘宝网会员在个人交易平台使用支付宝服务成功完成每一笔交易后，买卖双方均有权对对方交易的情况做一个评价，这个评价亦称为信用评价。买家收到货将货款支付给卖家后，卖家应及时对买家做出评价。

给买家评价

卖家给买家做出评价的具体操作步骤如下。

（1）登录淘宝进入千牛卖家工作台，单击"交易管理"下的"已卖出的宝贝"超链接，打开已卖出的商品页面，可以看到对方已经评价，单击"评价"超链接，如图 3-22 所示。

图 3-22　对方已经评价

（2）进入评价页面，选择"好评"单选按钮，输入评价内容后，单击"发表评论"按钮，如图 3-23 所示。

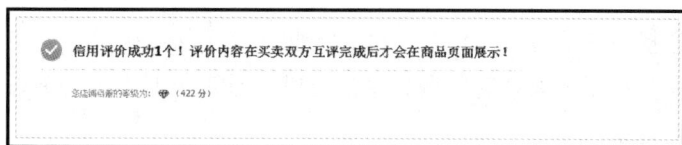

图 3-23　评价页面

（3）这时即可成功评价商品，如图 3-24 所示。

图 3-24　成功评价商品

# 3.3　订单管理

订单管理是卖家的一个核心业务流程，包括查找订单、订单处理方式、订单备注等。

## 3.3.1　查找订单

在线客服的日常工作中，如遇到这样的买家："我之前在你家买过一个麦克，现在还想再买一个，但是链接找不到了，请问还在卖吗？"

这时作为卖家首先需要知道买家之前买的是哪款麦克，最快速的方法就是通过查找买家的历史购买订单，在订单中找到答案，这种查找订单的方法可以在两个地方进行：一是在卖家中心后台查找，二是在千牛中查找。

账户余额查询

1. 在卖家中心后台查找

进入卖家中心，按照路径"我是卖家"—"交易管理"—"已卖出的宝贝"查找，如图 3-25 所示。

图 3-25　已卖出的宝贝

　　在这里可以选择查找的时间段，可以通过宝贝名称、买家昵称、订单编号等来查找。特别需要注意的是，如果不选择时间段，系统会默认是三个月内的订单。

　　2．在千牛中查找

　　在千牛工具中，可以根据商品 ID、宝贝名称、买家昵称、订单编号、成交时间等关键词去查找订单，如图 3-26 所示。

图 3-26　在千牛中查找订单

在日常工作中还会有很多种情况需要在线客服人员去查找订单，应根据需求去选择查找方法。

## 3.3.2 订单处理方式

从买家进店拍下商品开始，就会产生很多个订单节点，我们称为"订单状态"，每种状态下的订单都有需要卖家去做的工作。

#### 1. 买家已付款

在卖家中心，买家已付款的订单状态如图 3-27 所示。

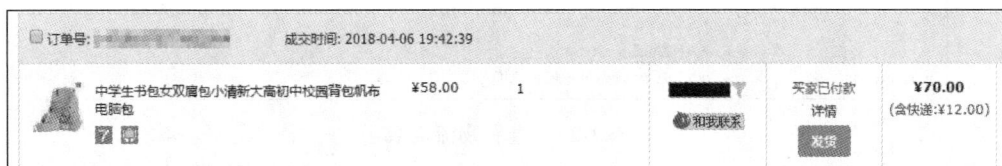

图 3-27　买家已付款的订单状态

买家已付款后，下面就是等待卖家发货。在淘宝交易中有不少订单因为买家留错地址或者拍错商品导致出现退换货情况，所以在发货前卖家有义务跟买家进行订单信息核对，包括收货地址信息以及商品信息。

也偶尔会有买家直接申请了退款，但当卖家做好安抚与解释工作后，该买家又想继续购买此商品了，这时网店客服人员只需要单击发货，订单就会正常进入下一个环节，即"卖家已发货"的状态。

#### 2. 卖家已发货

在卖家中心，卖家已发货的订单状态如图 3-28 所示。

图 3-28　卖家已发货的订单状态

当买家付完款后，有部分买家会来询问"发货了没有""快递到哪儿了"这类问题。此时如果已经发货且已经在后台录入单号单击发货了，卖家就可以单击查看物流，这时将会出现这个订单的物流信息，如图 3-29 所示，卖家便可将物流信息告知买家。

卖家发货后，在一定时间内如果买家没有单击"确认收货"，淘宝系统就会自动帮客户确认收货。如果遇到物流不能及时送达等问题时，会出现买家还没有收到货，但是订单已经确认收货的情况,这时候在线客服人员在与买家协商后可以进行延长收货时间的操作，让买家有更多的时间来确认收货，如图 3-30 所示。

图 3-29　查看物流信息

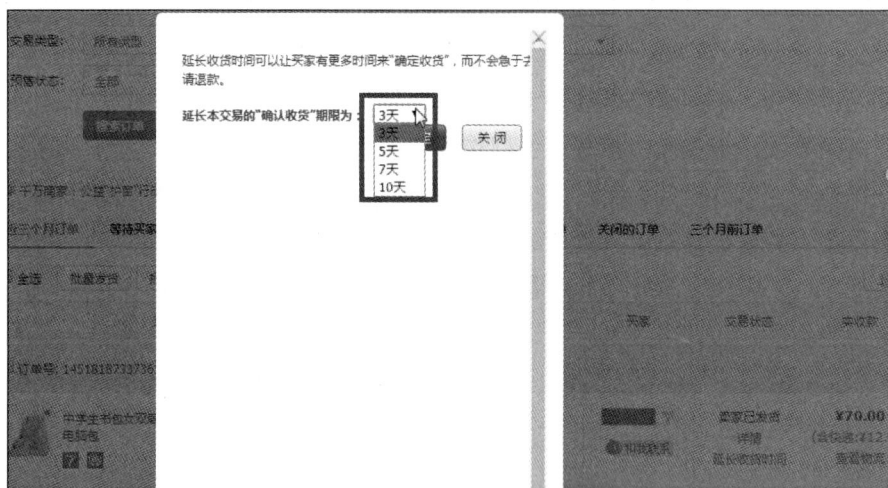

图 3-30　延长收货时间

### 3. 交易成功

当买家收到商品，确认收货后，交易状态会变为交易成功。在卖家中心，交易成功的订单状态如图 3-31 所示。

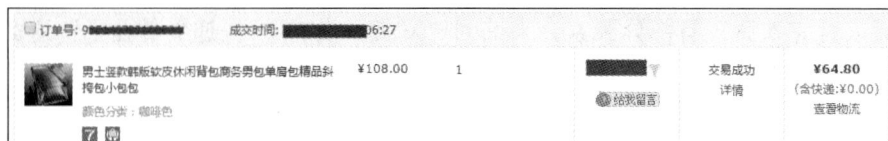

图 3-31　交易成功的订单状态

交易成功不代表交易结束，这时候卖家可以对买家进行回访，如询问买家在使用商品方面是否有不懂的地方、鞋子是否合脚等来体现对买家的关怀，以此提高买家的购物体验，提高网店回购率以及口碑。

#### 4. 交易关闭

因为卖家缺货、少货等或者买家对服务不满意、不想购买、退款等，都有可能变为"交易关闭"状态，如图 3-32 所示。

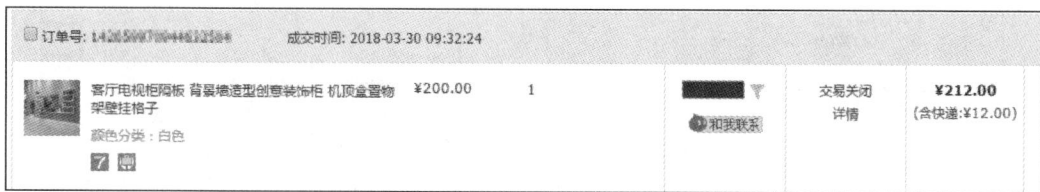

图 3-32　交易关闭订单状态

这时候卖家需要分析为何交易会关闭，找到交易关闭的原因，优化商品和服务，降低交易关闭率。当已经有解决方案时，卖家需要积极地促成买家重新下单。

### 3.3.3　订单备注

在与买家的沟通中，有时候需要对买家的情况做一些记录，这些记录可以是给网店内其他同事看的，也可以是给自己看的。订单备注在任何订单状态下都可以添加和修改，如发货前买家指定了发顺丰，就可以在这个订单上备注"发顺丰"，在仓库打单发货时，看到了该备注就不会出现发错快递的问题，避免问题的发生。

订单备注可以在两个地方操作：一是千牛工作台，二是卖家中心。

#### 1. 千牛备注

在与订单对应的买家对话框右侧，可以对该订单进行备注，如图 3-33 所示。

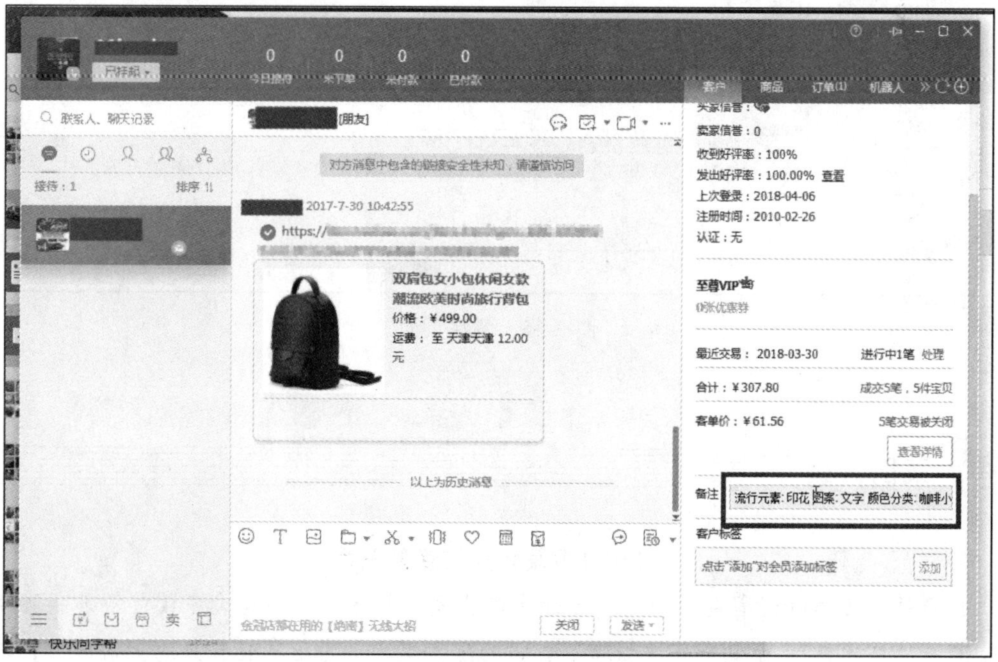

图 3-33　千牛备注

## 2. 后台备注

在卖家中心的已卖出的商品页面，每个订单的右上角都有一个默认的灰色旗子，如图 3-34 所示。

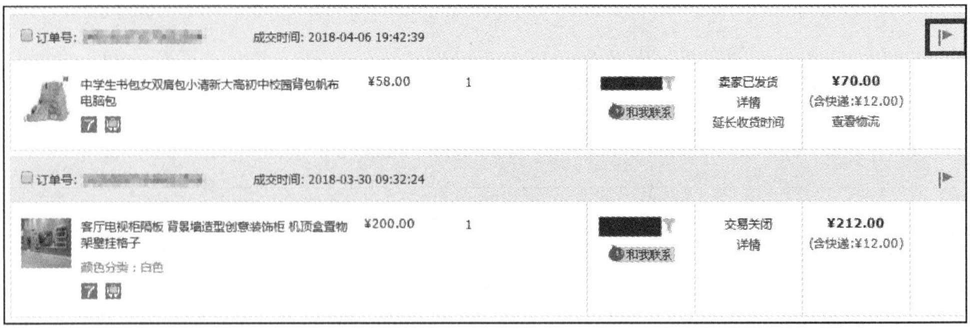

图 3-34　初始灰色旗子

单击灰色旗子将进入备注页面，如图 3-35 所示，与千牛备注一样，填写备注内容，选择旗子颜色，单击"确定"按钮即可。

图 3-35　备注页面

### 案例分析

#### 上班族白领兼职开网店月入万元

白领每天工作时间固定，朝九晚五地上班，还有双休日。但是大多数白领是高买家，常常都是"月光族"，尤其是在大城市，白领的压力更大。为了减轻自身的生活压力，增加收入，许多白领会选择兼职网上开店赚外块。

十字绣颇受大众欢迎，在市场上兴起了几年，一直热销。一幅十字绣版样，经过加工后，可以售到几百元至几万元，从一件大众闲余的玩物，变成炙手可热的珍品。

有手工工艺品收集爱好的李小姐，在淘宝开了一家十字绣店。短短半年时间，网店在没有任何推广的情况下，每月营业额达到五万元，纯利近万元。

**走高端路线：专卖进口货**

差异化经营和商品的质量是制胜之法。无论是线上线下，十字绣店在市场上随处可见，价位一般是几元、十几元，这些商品大多是低价位的商品。而李小姐却专攻进口十字绣，满足中高端消费群体的市场需求。

**做特色经营："来图定制"**

十字绣虽然已经在市场上出现多年，但市场上的十字绣大多图案雷同、缺乏个性，加上受到实体店店面的限制，款式有限、更新慢、网店租金高，实体店的经营遭遇瓶颈。而网店的经营就比较灵活，不但展示的品种数量不受限制，还可以做一些特色的经营。

除了传统的经营方式，近年来，十字绣还流行起"来图定制"。买家只要提供自己的照片给卖家，如结婚照、孩子的生活照等，便可从卖家处得到一张十字绣的图纸和效果图并据此绣出一幅个性化的十字绣图案，避免了十字绣图案的千篇一律。

**出品很精致：成品叫价高**

手工工艺品，因为附加值高售价不菲，十字绣虽然不及刺绣，但一幅具有收藏价值的精致十字绣成品，在市场上也是罕见的。一幅精致的十字绣成品，拍卖价可达到几百万元，一幅简单图案的十字绣成品的售价至少也要几百元以上。卖十字绣的成品，也成为卖家经营创收的一部分。

**主动赔偿赢取买家口碑**

网上开店不止是赚人气，更要赚买家的口碑。李小姐的网店信用指数已拿到了 100%的好评率。由于买家对网店的评论是最好的广告，她的生意也因此做得比较红火。

有一次她在网店评论栏上看到一位外地买家给自己的网店评了个中等。经与买家沟通得知，原来是买家要的商品在邮寄途中受损，买家不是很满意。于是李小姐主动提出赔偿，并当天将赠品寄了过去。收到赠品后，这位买家很快将评价改过来了，还是 100%的好评率。

根据上述材料和本章内容，分析以下问题。

1．上班族兼职开网店应该怎样做好时间分配？

2．网上开店怎么赢得买家的好评？

📕 **课后习题**

**一、填空题**

1．淘宝网会员在个人交易平台使用支付宝服务成功完成每一笔交易后，买卖双方均有权对对方交易的情况做一个评价，这个评价亦被称为＿＿＿＿＿＿＿＿＿。

2．＿＿＿＿＿＿＿＿＿是淘宝和阿里巴巴为用户量身定做的免费网上商务交流沟通软件。它能帮卖家轻松找到买家，发布、管理信息，及时把握商机，随时洽谈做生意。

3．订单管理是卖家的一个核心业务流程，包括＿＿＿＿＿＿＿＿＿、＿＿＿＿＿＿＿＿＿、＿＿＿＿＿＿＿＿＿等。

4．查找订单可以在两个地方进行操作：一是＿＿＿＿＿＿＿＿＿，二是＿＿＿＿＿＿＿＿＿。

## 二、思考题

1．如何使用千牛软件查找并添加买家？

2．怎样修改商品价格？

3．怎样查找订单？

## 技能实训

实训一：熟练掌握千牛工作台的使用

1．使用千牛软件查找并添加买家。

2．使用千牛软件迅速回复买家。

3．巧设千牛，让别人用关键词找到你。

实训二：熟练掌握商品交易管理

1．修改商品价格。

2．买家下单后，在线发货。

3．商品交易成功后，给买家评价。

# 第4章 网店设计与装修

网店装修就是在网店平台允许的结构范围内，尽量通过图片、模板等让网店更加丰富美观。网店装修是抓住买家眼球的第一感觉。通过网店装修，买家会在第一时间了解网店的信息，网店装修会起到美化网店的作用。本章主要介绍网店设计与装修，包括商品图片处理、店标 Logo 的设计、"店招"的设计、网店详情页的设计、商品促销广告的设计、手机网店的设计等。

# 4.1 商品图片处理

在处理商品图片的过程中，Photoshop 发挥着重要的作用。它是一款强大的图形图像处理软件，在淘宝网店装修中必不可少。下面介绍调整拍歪的照片、调整曝光不足的照片、调整模糊的照片、为照片添加水印等内容。

## 4.1.1 调整拍歪的照片

在拍摄的过程中，摄影师难免会将图片拍歪。下面讲述如何处理拍歪的图片，其具体操作步骤如下。

（1）启动 Photoshop，选择"文件"|"打开"命令，打开一幅图像，如图 4-1 所示。

图 4-1　打开图像

（2）按"Ctrl+A"组合键，全选图像，如图 4-2 所示。

图 4-2　全选图像

（3）选择"编辑"|"自由变换"命令，调整图像位置，如图 4-3 所示。

图 4-3　调整图像位置

（4）按"Enter"键，确认调整，如图 4-4 所示。

图 4-4　确认调整

## 4.1.2 调整曝光不足的照片

调整曝光不足的
照片

通常受技术、天气、时间等原因或条件所限，拍出来的照片有时会不尽如人意。最常见的问题就是曝光过度或者曝光不足以及雾气等原因造成的缺乏对比度。下面就向大家介绍如何在 Photoshop 中，简单而有效地解决这些问题，其具体操作步骤如下。

（1）启动 Photoshop，打开一张曝光过度的照片，如图 4-5 所示。

（2）选择"图像"|"调整"|"曝光度"命令，弹出"曝光度"对话框，如图 4-6 所示。

图 4-5　打开一张曝光过度的照片　　　图 4-6　"曝光度"对话框

（3）在该对话框中设置相应的参数，单击"确定"按钮，即可调整图片的曝光度，调整曝光度后的效果如图 4-7 所示。

图 4-7　调整曝光度后的效果

## 4.1.3 调整模糊的照片

调整模糊的照片

作为网店卖家，要尽量为买家提供最真实的商品图片。但受相机、显示器等因素的影响，拍出来照片的效果和实物肯定会有所差别。下面讲述如何调整模糊的图片让细节更明显，其具体操作步骤如下。

（1）启动 Photoshop，选择"文件"|"打开"命令，打开一幅图像，如图 4-8 所示。

（2）选择"图像"|"模式"|"Lab 颜色"命令，如图 4-9 所示。

图 4-8　打开图像

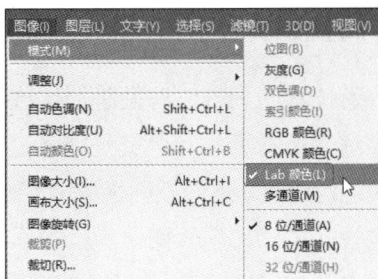

图 4-9　选择"Lab 颜色"命令

（3）打开"图层"面板，在其中将背景层拖曳到"创建新图层"按钮上，复制背景图层，如图 4-10 所示。

图 4-10　创建新图层

（4）选择"滤镜"|"锐化"|"USM 锐化"命令，弹出"USM 锐化"对话框，如图 4-11 所示。

（5）将"图层模式"设置为"柔光"，"不透明度"设置为"90%"，如图 4-12 所示。

图 4-11　"USM 锐化"对话框

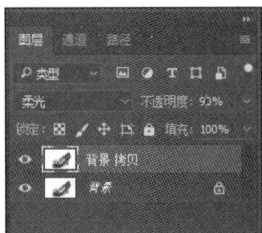

图 4-12　设置"图层模式"和"不透明度"

（6）如果还是不够清楚，可以复制相应的图层，直至调整清楚为止，如图 4-13 所示。

图 4-13　调整清晰度

### 4.1.4　为照片添加水印

在拍完大量的商品图片并进行处理后，通常还要添加水印以防止图片被他人盗用，同时也要添加图层样式使图片更加美观。

为图片添加水印的具体操作步骤如下。

（1）启动 Photoshop，选择"文件"|"打开"命令，打开一幅图像，如图 4-14 所示。

图 4-14　打开图像

（2）选择工具箱中的"横排文字工具"，在图片中输入文字"雨婷宝贝"，如图 4-15 所示。

（3）选择"图层"|"图层样式"|"外发光"命令，弹出"图层样式"对话框，如图 4-16 所示。

（4）在该对话框中设置相应的参数，单击"确定"按钮，设置"图层样式"，如图 4-17 所示。

图 4-15　输入文字

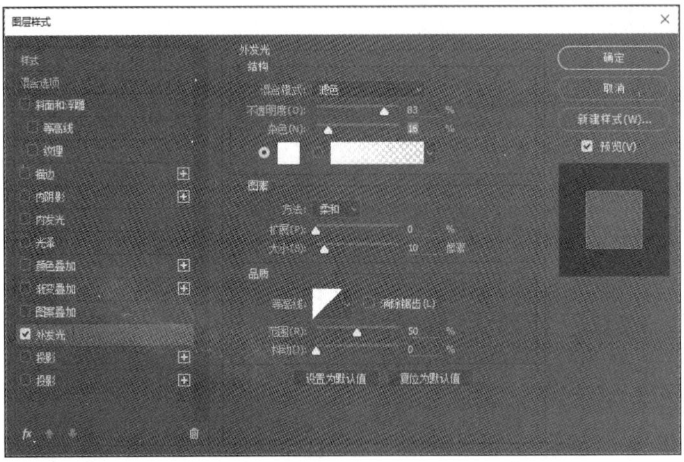

图 4-16　"图层样式"对话框

图 4-17　设置"图层样式"

（5）打开"图层"面板，将"不透明度"设置为30%，如图4-18所示。

图 4-18　设置"不透明度"

# 4.2　店标 Logo 的设计

店标是传达信息的一个重要手段，店标设计不仅仅是一般的图案设计，最重要的是要体现网店的精神、商品的特征，甚至卖家的经营理念等。

## 4.2.1　店标设计的原则

一个好的店标设计，除了给人传达明确的信息外，还在方寸之间表现出深刻的精神内涵和艺术感染力，给人以静谧、柔和、饱满、和谐的感觉。

要做到这一点，在设计店标时需要遵循一定的设计原则和要求。

### 1. 富于个性，新颖独特

店标并非一个图案那么简单，它代表一个品牌，也代表一种艺术。所以，店标的制作可以说是一种艺术创作，需要设计者从生活中、网店规划中捕捉创作的灵感。

店标是用来表达网店独特性质的，要让买家认清网店的独特品质、风格和情感。因此，店标在设计上除了要讲究艺术性外，还需要讲究个性化，让店标与众不同。

设计个性独特店标的根本性原则就是要设计出可视性高的视觉形象，要善于使用夸张、重复、抽象和富于寓意等手法，使设计出来的店标达到易于识别、便于记忆的效果。卖家在设计店标前，需要做好材料搜集和材料提炼的准备。图4-19所示是一些个性店标的设计作品。

图 4-19　一些个性店标的设计作品

### 2. 简练、明确、醒目

店标是一种直接表达的视觉语言，要求产生瞬间效应，因此店标设计要求简练、明确、醒目。图案切忌复杂，也不宜过于含蓄，要做到近看精致巧妙，远看清晰醒目，从各个角度、各个方向上看都有较好的识别度。

另外，店标不仅能起视觉的作用，还表达了一定的含义，给买家传达明确的信息。

### 3. 符合美学原理

店标设计要符合人们的审美观点，买家在观察一个店标的同时，也是一种审美的过程。在审美过程中，买家要把视觉所感受到的图形，用社会所公认的相对客观的标准进行评价、分析和比较，引起美感冲动。这种美的冲动会传入大脑而留下记忆。因此，店标设计要具有形象感，要有简练而清晰的视觉效果和视觉冲击力。

> **小提醒**
>
> 店标的造型要素有点、线、面、体 4 种要素。设计者要借助这 4 种要素，通过掌握不同造型的相关规则，使所构成的图案具有独立于各种具体事物结构的美。

## 4.2.2　店标制作的基本方法

店标是传达网店信息的重要手段之一。设计店标不仅仅要设计图案，更重要的是要体现网店的精神、商品的特征，甚至卖家的经营理念等。

网店的店标，按照其状态可以分为静态店标和动态店标。下面分别介绍它们的制作方法。

### 1. 制作静态店标

一般来说，静态店标由文字、图案构成；其中有些店标用纯文字表示，有些店标用图案表示，也有些店标中既包含文字也包含图案。

有商标的卖家，可以用数码相机将商标拍下来，然后通过 Photoshop 软件处理一下或用扫描仪扫描下来，再通过图像处理软件来编辑。

有绘图基础的卖家，可以利用自己的绘图技能，先在稿纸上画好草图，然后用数码相机或扫描仪将草图输入计算机，最后使用图像处理软件进行完善。

### 2. 制作动态店标

店标是一个网店的形象，如果将店标做成动态的，会更夺人眼球。当买家搜索并进入网店的时候，若能一下子被漂亮的店标所吸引的话，网店里面的商品也就更容易卖出了。

对于网店而言，动态店标就是将多个图像和文字效果制作成 GIF 动画。制作这种动态店标，可以使用 GIF 制作工具来完成，如 Photoshop、ImageReady、Ulead GIF Animator 等软件都可以用来制作 GIF 动态图像。

## 4.2.3　设计网店标志

下面讲述如何设计网店的标志，其具体操作步骤如下。

（1）启动 Photoshop，选择"文件"|"新建"命令，弹出"新建"对话框，如图 4-20 所示。

（2）将"宽度"设置为 500 像素、"高度"设置为 400 像素，单击"确定"按钮，新建空白文档，如图 4-21 所示。

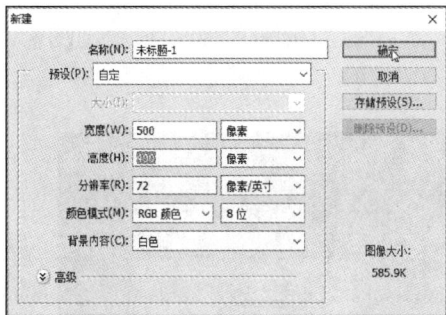

图 4-20　"新建"对话框

图 4-21　新建空白文档

（3）选择工具箱中的"自定义形状工具"，在选项栏中选择"环形"形状，如图 4-22 所示。

（4）按住鼠标左键在画布中绘制环形，如图 4-23 所示。

图 4-22　选择"环形"形状

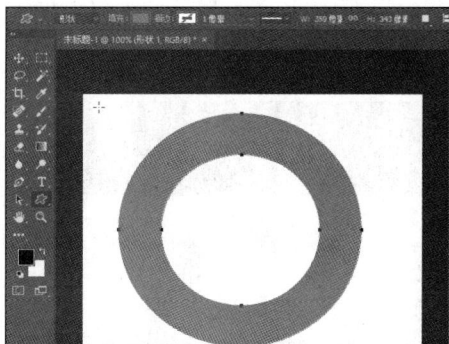

图 4-23　绘制环形

（5）选择工具箱中的"横排文字工具"，在画布中输入文字"宝贝家"，在选项栏中设置相应的参数，如图 4-24 所示。

（6）选择"图层"|"图层样式"|"描边"命令，弹出"图层样式"对话框，设置描边，单击"确定"按钮，如图 4-25 所示。

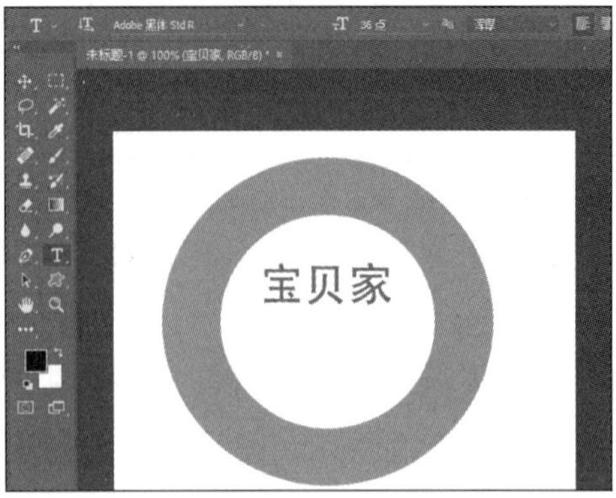

图 4-24　输入文字

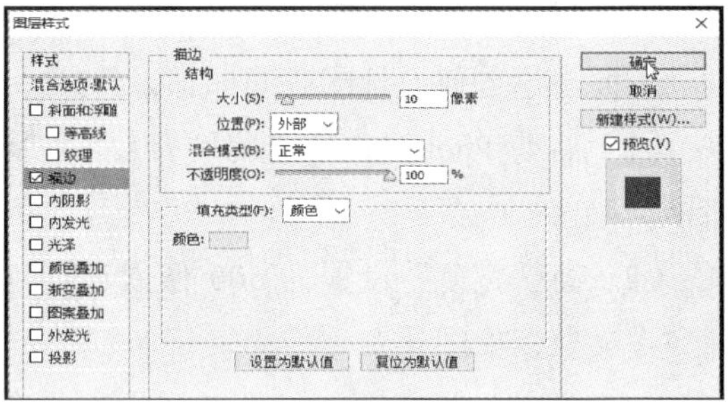

图 4-25　"图层样式"对话框

（7）设置描边效果，如图 4-26 所示。

（8）打开图像，按"Ctrl+A"组合键全选图像，然后按"Ctrl+C"组合键复制图像，如图 4-27 所示。

图 4-26　设置描边效果

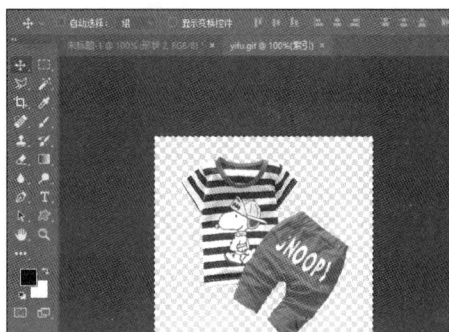

图 4-27　复制图像

（9）返回到原始文档，按"Ctrl+V"组合键粘贴图像，如图 4-28 所示。

（10）选择工具箱中的"自定义形状工具"，在画布中绘制形状，如图 4-29 所示。

图 4-28　粘贴图像

图 4-29　绘制形状

（11）选择"图层"|"图层样式"|"混合选项"命令，弹出"图层样式"对话框，在其中选择"样式"选项，在弹出的列表中选择相应的样式，单击"确定"按钮，如图 4-30 所示。

（12）设置图层样式，制作好的店标如图 4-31 所示。

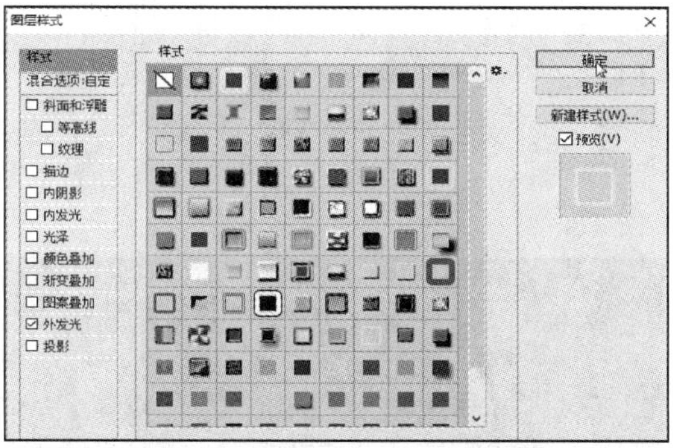

图 4-30　"图层样式"对话框

图 4-31　制作好的店标

# 4.3　"店招"的设计

网店招牌（以下简称"店招"）是一个网店的象征，好的"店招"能起到传达网店的经营理念、突出网店的经营风格、彰显网店的形象等作用。

## 4.3.1　设计"店招"的注意事项

淘宝中每个页面都可以独立设置"店招"。"店招"可以通过旺铺的照片设置区域功能来设置。设计"店招"时需要注意的事项如下。

（1）目前，淘宝网只支持 GIF、JPG、PNG 格式的"店招"图片。

（2）"店招"图片的推荐使用尺寸为 950px×150px，大于这个尺寸的部分将会被裁掉。

（3）上传"店招"图片，可以选择将此图片应用到当前页面或应用到整个网店的页面中。

（4）"店招"一定要凸显品牌的特性，让客户清楚你是卖什么的，包括风格、品牌文化等。

（5）如果"店招"里有季节的要素，则需要根据季节及时更换。例如，女装店要注意随着季节变化及时调整，不要放置过季服装在"店招"上。

> **小提醒**
>
> 客户可以通过"店招"看到网店的风格、档次、核心商品等，如果我们能将"店招"根据自己商品的一些因素来装修，那么对淘宝网店的客户跳失率、网店转化、自然排名等都会有非常大的帮助。

### 4.3.2 网店"店招"的制作步骤

网店制作"店招"的具体操作步骤如下。

（1）启动 Photoshop，选择"文件"|"打开"命令，弹出"打开"对话框，选择要打开的图像文件 bg.gif，单击"打开"按钮，如图 4-32 所示。

（2）打开背景图像文件，如图 4-33 所示。

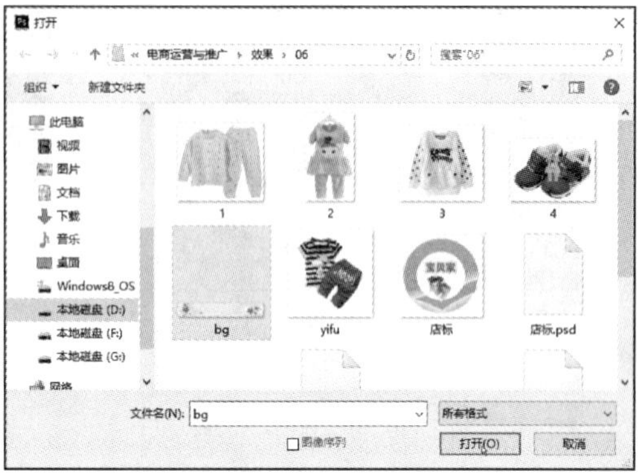

图 4-32 "打开"对话框

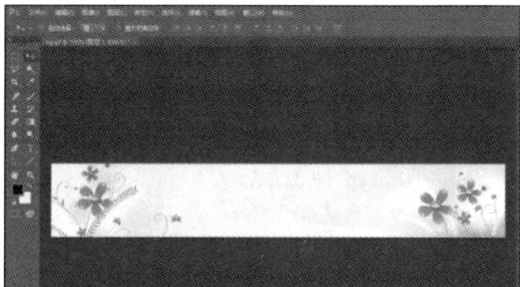

图 4-33 打开背景图像文件

（3）选择工具箱中的"横排文字工具"，在画布中输入"宝贝家母婴用品"，如图 4-34 所示。

图 4-34 输入文字

（4）选择"图层"|"图层样式"|"图案叠加"命令，弹出"图层样式"对话框，在该对话框中设置相应的参数，单击"确定"按钮，如图 4-35 所示。

（5）完成图层样式的设置，设置图层样式的效果如图 4-36 所示。

（6）选择"文件"|"置入"命令，打开"置入"对话框，选择图像文件，单击"置入"按钮，如图 4-37 所示。

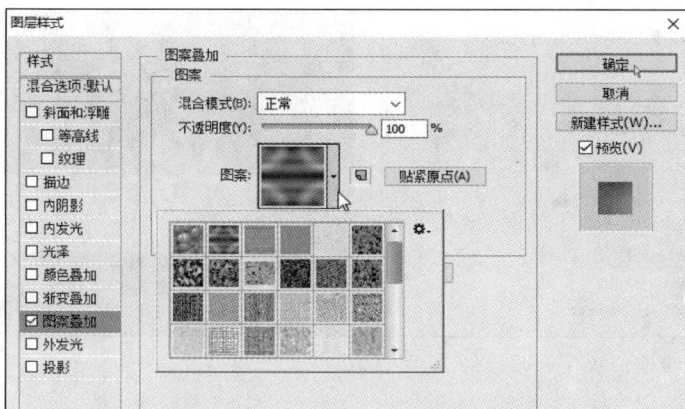

图 4-35　设置图层样式

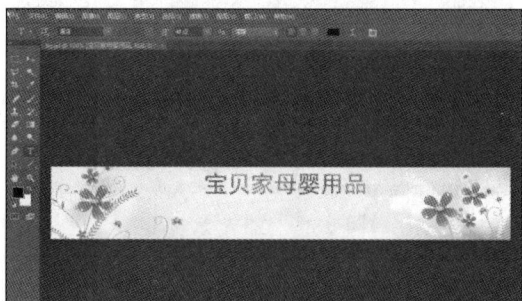

图 4-36　设置图层样式的效果

图 4-37　置入图像（1）

（7）置入图像，如图 4-38 所示。

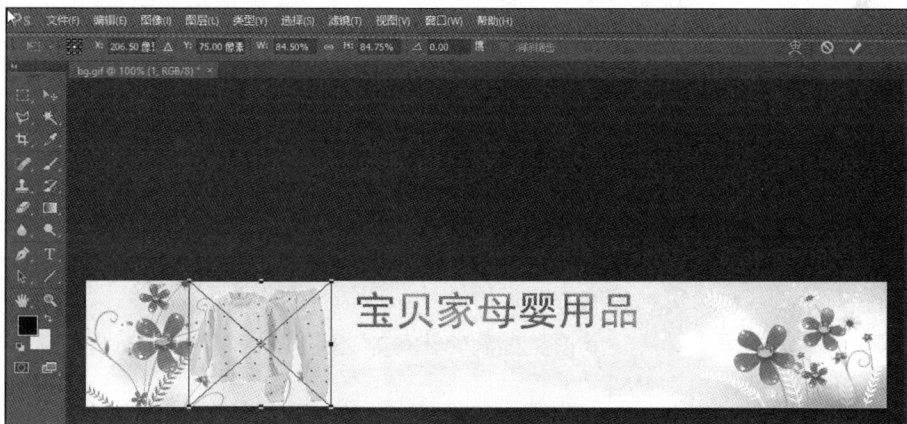

图 4-38　置入图像（2）

（8）选择"图层"|"图层样式"|"外发光"命令，在弹出的"图层样式"对话框中设置相应的参数，单击"确定"按钮，如图 4-39 所示。

（9）查看设置图层样式效果，如图 4-40 所示。

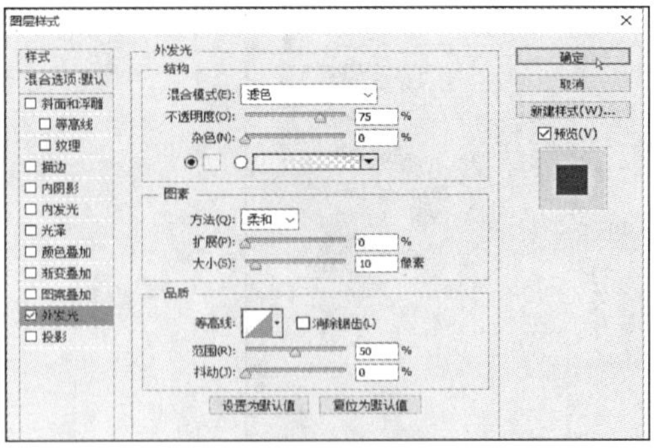

图 4-39　"图层样式"对话框

图 4-40　设置图层样式效果

（10）同步骤（6）至步骤（9），置入其余图像，如图 4-41 所示。

（11）选择工具箱中的"横排文字工具"，在画布中输入文字，如图 4-42 所示。

图 4-41　置入其余图像

图 4-42　输入文字

# 4.4　网店详情页的设计

一个网店的网店详情页，除了能告知客户该商品的基本情况外，还能通过一些细节展示和文字描述来打消客户的购买疑虑、售后顾虑，从而促成购买。可以说，网店详情页的好坏直接影响着网店商品转化率的高低。

## 4.4.1　详情页的重要性

商品详情页是客户决定是否购买的最后一站，详情页面作为网店详情页的一部分，已经越来越受到卖家的重点对待，无论是提高转化率，还是提高整个网店的浏览量，详情页都能起到很大的推动作用。

### 1．提高转化率

影响网店转化率的因素非常多，其中最重要的一个因素就是商品详情页，详情页中呈现的内容是否能打动客户、是否满足客户的需求都会影响转化率的高低。

### 2．提高页面停留时间

详情页不是商品的说明书，而是需要通过足够吸引人的内容、符合客户心理期望的呈现方式来描述商品的。丰富的内容、生动的呈现可以让客户享受阅读和购物的乐趣。

3. 提高客单价

通过详情页的内容呈现，关联销售可以挖掘客户的潜在需求。一旦客户的需求被挖掘，再通过文案的营销就很容易让客户产生关联购买，从而提高客单价。

4. 降低跳失率

转化率提高以后，整个网店的跳失率自然就会下降。

> 📖 **小提醒**
>
> 　　客户可以通过"详情页"看到网店的风格、档次、核心商品等，如果我们能将"详情页"根据自己商品的一些因素来装修，那么对于淘宝网店的客户跳失率、网店转化率、自然排名等都会有非常大的帮助。

## 4.4.2　详情页的设计思路

网店的商品详情页设计思路是直接决定交易能否达成的关键因素。根据运营情况，网店商品可以分为新品、促销商品、热卖单品等。下面将讲述这几种商品详情页的设计思路。

1. 新品详情页设计思路

对于刚刚研发上市的商品，在通过详情页让客户了解商品的同时，还需要把商品的设计理念准确无误地传达给客户。在设计新品详情页时应注意以下几点。

（1）突出差异化优势。在激烈的竞争环境中，想要让商品脱颖而出，最好的方式之一就是突出商品的差异化优势。所谓差异化优势指的就是商品的某一方面做到了极致，这一优势是竞争者无法提出的或者无法比拟的卖点。图 4-43 所示为"双面独立悬浮烤盘"的卖点，突出差异化。

图 4-43　突出差异化

（2）强调品牌、品质。对于新品，客户会对详情页里面的内容持有一定的怀疑态度。如图 4-44 所示，此时就需要强调商品的品质，通过品牌来加强客户对商品的信任程度。

图 4-44　强调品牌、品质

（3）运用各类营销方式。新发布的商品前期销量低，需要使用各种各样的营销方式，为商品积累一定的基础销量，这也是新品详情页优先考虑的内容。

2. 促销商品详情页的设计思路

对于促销商品，其详情页的设计需要考虑以下几个因素。

（1）突出活动的力度。详情页通过呈现活动的力度，吸引客户对商品产生兴趣和关注，图 4-45 所示的促销活动将送出各种大礼包，突出了活动的力度。

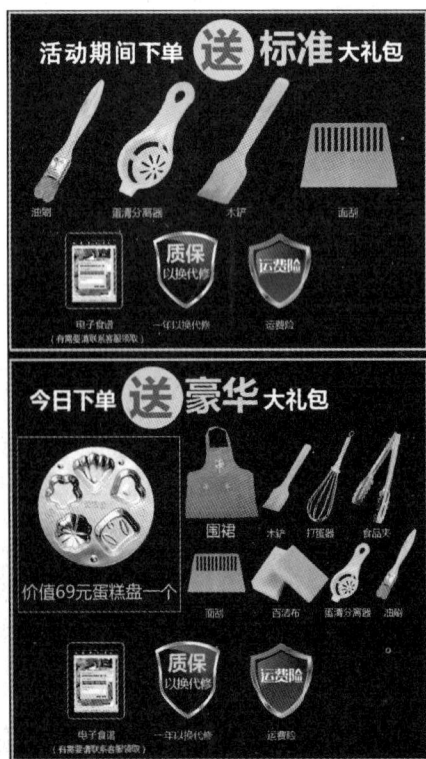

图 4-45　突出活动的力度

（2）强调性价比。光靠活动还不足以让客户购买，当客户对活动和商品产生兴趣之后，再强调商品的性价比以及功能，给客户塑造物超所值的感觉，将会有效地提高整个商品的转化率。

### 3. 热卖单品详情页设计思路

热卖单品指的是网店销量比较好的商品，对于这类商品的详情页设计，我们需要突出商品的热销盛况以及商品的优势。

（1）突出热销盛况。利用客户的从众心理去提高商品的转化率是营销里常用的方式之一，如图 4-46 所示，即突出商品的热销状态，暗示客户商品被大众认可，从而降低客户的购买顾虑。

图 4-46　突出销量

（2）强调商品优势。利用商品的优势来佐证大众选择的正确性，只有优质的商品才可以让客户下决心购买。

## 4.4.3　利用 Photoshop 设计网店详情页

下面讲述如何利用 Photoshop 设计网店详情页，其具体操作步骤如下。

（1）启动 Photoshop CC 新建一空白文档，选择工具箱中的"矩形"工具，在舞台中绘制粉色矩形，如图 4-47 所示。

（2）选中"滤镜"|"素描"|"半调图案"命令，弹出提示"此形状图层必须经过栅格化才能处理。是否要栅格化此形状？"如图 4-48 所示。

（3）单击"确定"按钮，弹出"半调图案"对话框，如图 4-49 所示。

（4）单击"确定"按钮，即可为矩形添加半调图案，添加半调图案的效果如图 4-50 所示。

（5）选择工具箱中的"自定义形状"工具，在选项栏中单击形状按钮，在弹出的列表框中选择合适的形状，在舞台中绘制形状，如图 4-51 所示。

图 4-47　在舞台中绘制粉色矩形

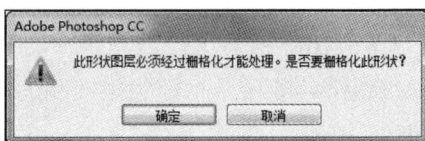

图 4-48　提示是否栅格化此形状

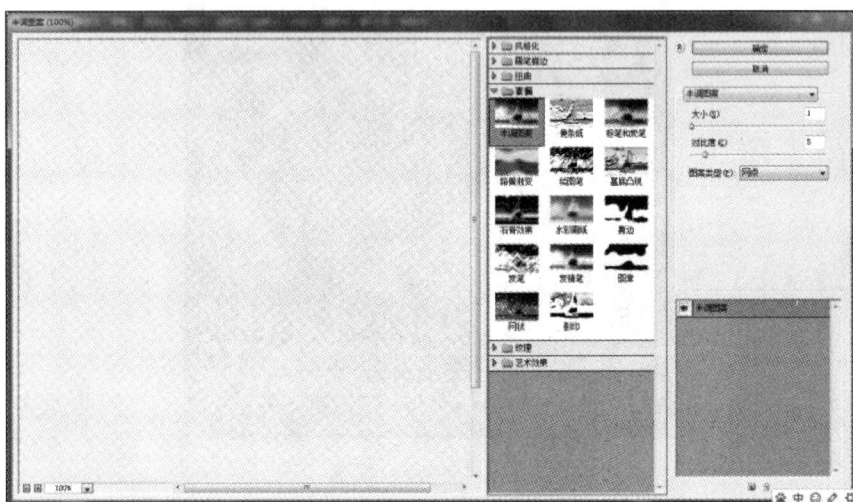

图 4-49　"半调图案"对话框

图 4-50　添加半调图案的效果

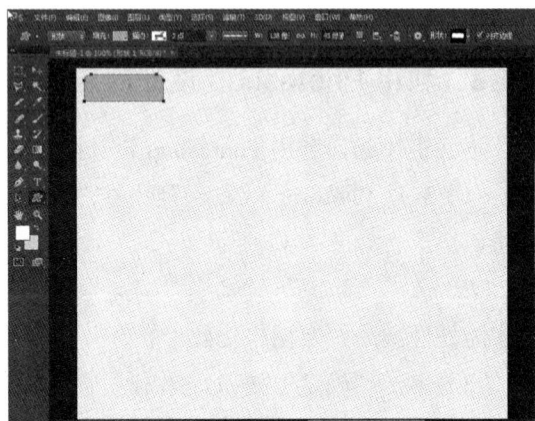

图 4-51　在舞台中绘制形状

（6）选择"图层"|"图层样式"|"投影"命令，弹出"图层样式"对话框，将投影颜色设置为蓝色，如图 4-52 所示。

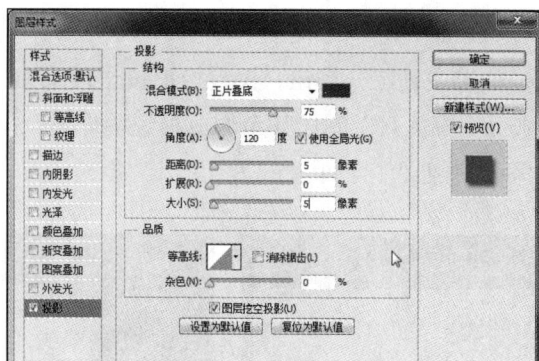

图 4-52 "图层样式"对话框

（7）单击"确定"按钮，设置投影效果，如图 4-53 所示。

（8）选择工具箱中的"横排文字工具"，在按钮上面输入文字"宝贝详情"，如图 4-54 所示。

图 4-53 设置投影效果

图 4-54 输入文字

（9）选择"图层"|"图层样式"|"描边"命令，在弹出的"图层样式"对话框中，将投影颜色设置为蓝色，单击"确定"按钮，设置文字描边效果如图 4-55 所示。

（10）选择工具箱中的"矩形"工具，在舞台中绘制一个粉色矩形，如图 4-56 所示。

图 4-55 设置文字描边效果

图 4-56 在舞台中绘制一个粉色矩形

（11）选择"图层"|"图层样式"|"投影"命令，在弹出的"图层样式"对话框中，将投影颜色设置为蓝色，单击"确定"按钮，设置矩形投影效果如图 4-57 所示。

（12）重复步骤（5）至步骤（11）制作其余的模板说明导航，如图 4-58 所示。制作完成商品描述模板，然后保存图像文件即可。

图 4-57　设置矩形投影效果

图 4-58　制作其余的模板说明导航

（13）选择工具箱中的"切片"工具，在舞台中按住鼠标左键绘制切片，如图 4-59 所示。

（14）在下面的图像上拖动可以绘制多个切片，如图 4-60 所示。

图 4-59　绘制切片

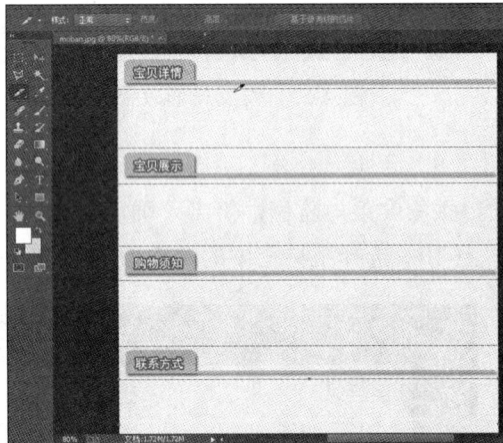

图 4-60　绘制多个切片

（15）选择"文件"|"存储为 Web 所用格式"命令，弹出"存储为 Web 所用格式"对话框，如图 4-61 所示。

（16）单击"存储"按钮，弹出"将优化结果存储为"对话框，格式选择"HTML 和图像"选项，如图 4-62 所示。单击"保存"按钮即可将其成功保存为网页文档。

图 4-61 "存储为 Web 所用格式"对话框

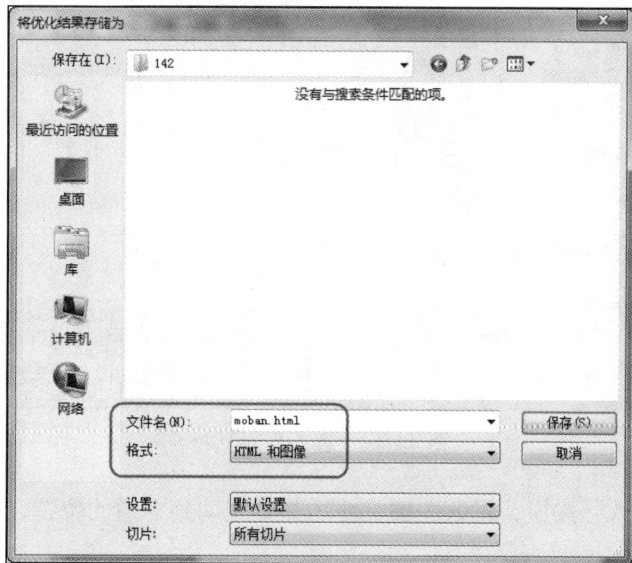

图 4-62 "将优化结果存储为"对话框

# 4.5　商品促销广告的设计

为网店制作精品的公告和促销广告最大的目的是将自己的商品成功推销出去。下面就来讲述精品促销广告的制作，其具体操作步骤如下。

（1）启动 Photoshop，选择"文件" | "打开"命令，弹出"打开"对话框，打开图像文件，如图 4-63 所示。

图 4-63　打开图像

（2）选择"文件"|"置入"命令，在弹出的"置入"对话框中，选择图像文件，如图 4-64 所示。

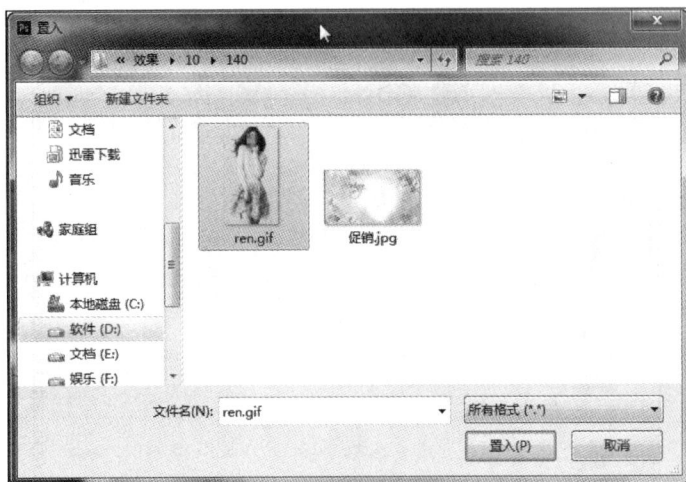

图 4-64　"置入"对话框

（3）单击"置入"按钮，置入图像文件，将其拖动到合适的位置，如图 4-65 所示。

图 4-65　置入图像文件

网店运营与推广从入门到精通（微课版）

（4）选择工具箱中的"横排文字工具"，在舞台中输入文字"我要和春天约会"，在选项栏中将字体设置为"萝卜修补小粗黑"，字体大小设置为 55，字体颜色设置为红色，如图 4-66 所示。

图 4-66　输入文字

（5）选择"图层"|"图层样式"|"渐变叠加"命令，在弹出的"图层样式"对话框中，将"混合模式"设置为"叠加"，如图 4-67 所示。

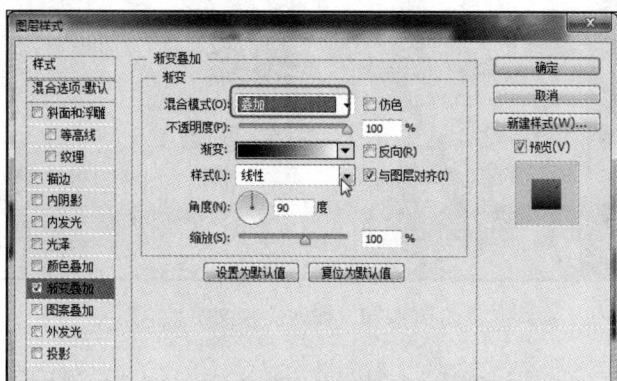

图 4-67　"图层样式"对话框

（6）单击勾选"描边"选项，将描边颜色设置为浅绿色，如图 4-68 所示。

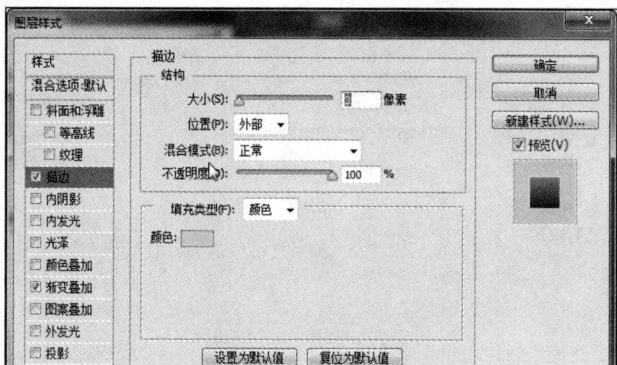

图 4-68　设置描边颜色

（7）单击"确定"按钮，设置图层样式，如图 4-69 所示。

图 4-69　设置图层样式

（8）选择工具箱中的"横排文字工具"，在舞台中输入相应的促销文字，如图 4-70 所示。

图 4-70　输入促销文字

（9）选择"图层"|"图层样式"|"描边"命令，在弹出的"图层样式"对话框中，将描边颜色设置为浅蓝色，如图 4-71 所示。

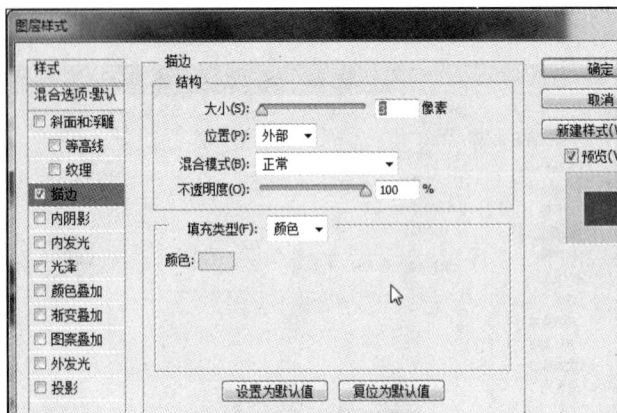

图 4-71　设置描边颜色

网店运营与推广从入门到精通（微课版）

（10）单击"确定"按钮，设置图层样式的效果如图 4-72 所示。

图 4-72　设置图层样式的效果

（11）选择工具箱中的"自定义形状"工具，在选项栏中单击"形状"按钮，在弹出的列表中选择合适的形状，将填充颜色设置为蓝色，描边颜色设置为浅黄色，在舞台中绘制形状，如图 4-73 所示。

图 4-73　在舞台中绘制形状

（12）选择工具箱中的"横排文字工具"，在形状上面输入文字"八折封顶　全场包邮"，如图 4-74 所示。单击"保存"按钮，即可成功完成促销广告的制作。

图 4-74　输入文字

# 4.6 手机店铺的设计

很多卖家都会把网店 PC 端的图片直接搬到手机淘宝上来用，以致出现尺寸不合、效果不好、体验不佳的问题。下面介绍手机店铺首页和详情页的装修设计。

## 4.6.1 手机店铺的首页装修

在淘宝业务逐渐向无线倾斜的大趋势下，要想提高手机店铺的成交率，手机店铺装修是必不可少的考虑因素之一。一个合理的网店首页可以对网店的发展起到重要的推动作用。手机店铺首页装修的具体操作步骤如下。

手机店铺的首页装修

（1）在浏览器中打开淘宝网，单击右上方的"千牛卖家中心"，进入卖家中心页面，如图 4-75 所示。

图 4-75　单击"千牛卖家中心"

（2）单击左侧导航"店铺管理"下面的"手机淘宝店铺"，如图 4-76 所示。

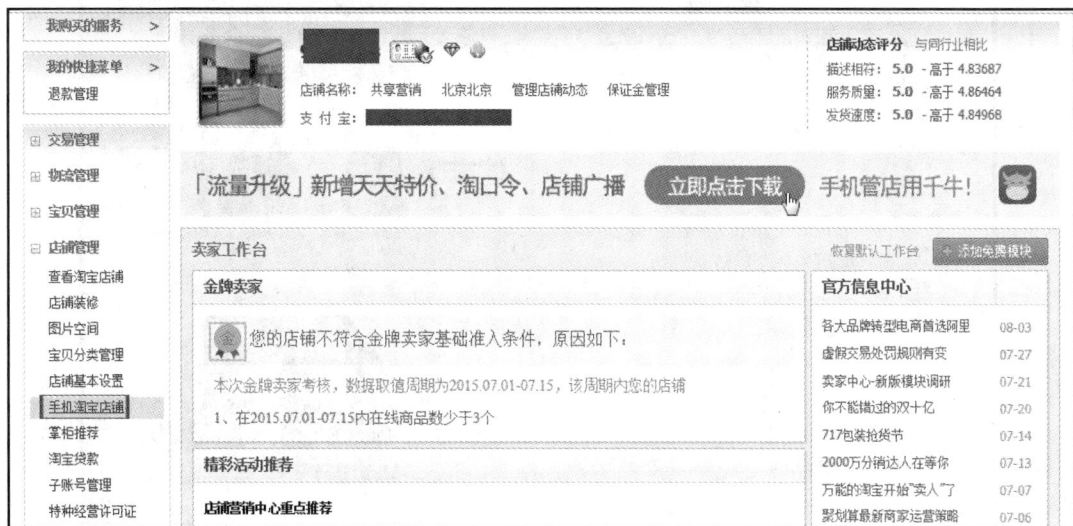

图 4-76  单击"手机淘宝店铺"

（3）单击无线店铺下的"立即装修"选项，如图 4-77 所示。

图 4-77  单击"立即装修"

（4）进入无线运营中心页面，打开"淘宝旺铺"页面，单击"店铺首页线上首页"后的"装修页面"，如图 4-78 所示。

（5）打开图 4-79 所示的淘宝装修模块页面。

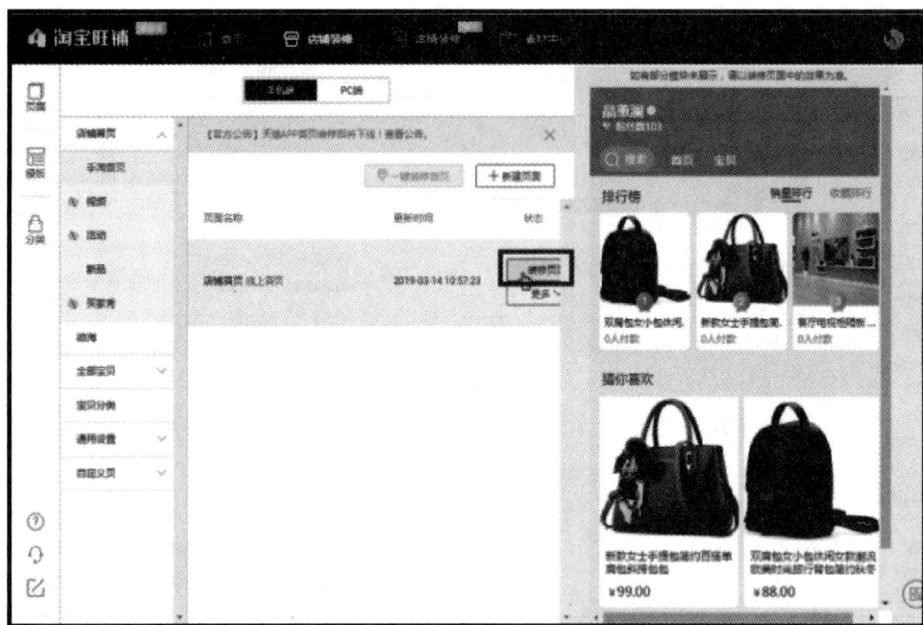

图 4-78 单击"装修页面"

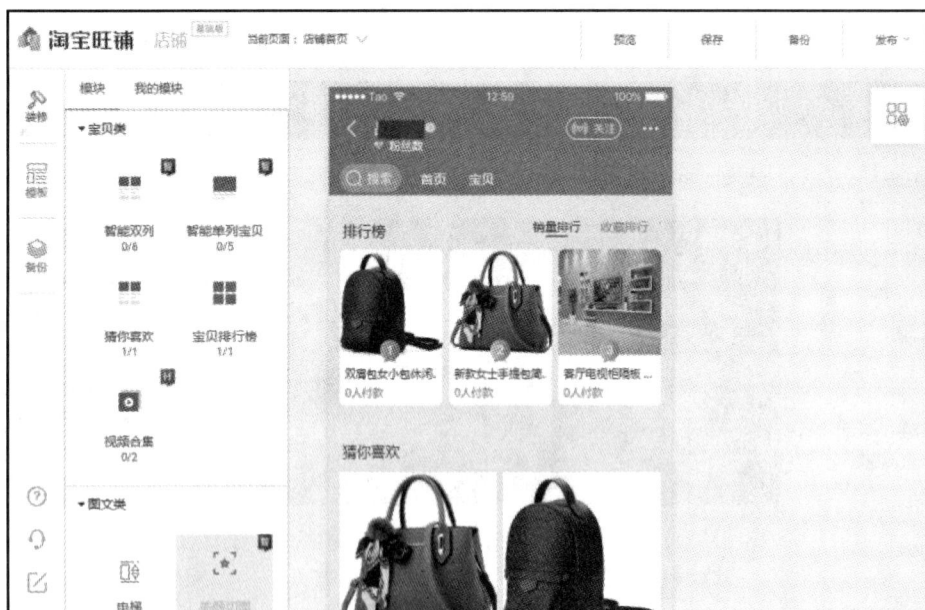

图 4-79 淘宝装修模块页面

📖 **小提醒**

手机端由于版面和网络受限，因此页面设计相对而言会较为简单平凡。手机端首页设计是以模块为主的，而且官方对模块的数量也有要求。在设计首页的时候就要注意利用好有限的模块，做好网店的导购和关联，或者展示网店的主推商品。

（6）选择"商品类"下面的"智能单列宝贝"，将其拖曳到中间的编辑区，在右侧的单列商品模块中可以设置相关信息等，如图4-80所示。这样就完成了手机淘宝首页的装修。

图4-80　设置智能单列宝贝

## 4.6.2　手机版商品详情页

一个好的手机版商品详情页不但可以为网店加不少分，从而使商品的排名更好，而且还能使网店在手机端获得更多的流量。设置手机版商品详情页的具体操作步骤如下。

（1）在"无线店铺"下面单击"立即装修"，如图4-81所示。

图4-81　单击"立即装修"

（2）打开店铺装修页面，单击顶部的"详情装修"，如图4-82所示。

图 4-82　单击顶部的"详情装修"

（3）打开"详情装修"页面，单击"装修详情"按钮，如图4-83所示。

图 4-83　装修商品详情页

（4）打开图4-84所示的基础模块页面。

图 4-84　基础模块页面

（5）可以在"基础模块"中添加图片、文字、视频和动图，如图 4-85 所示。

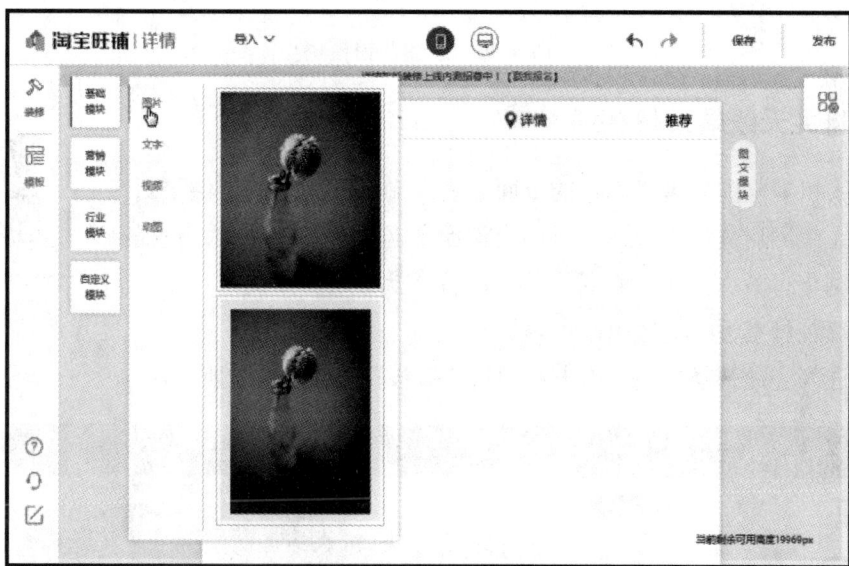

图 4-85　添加图片、文字、视频和动图

（6）可以在营销模块中添加店铺推荐、店铺活动、优惠券、直播和群聊等，如图 4-86 所示。

📖 **小提醒**

PC 端的详情页设计思路更多的是希望把商品的各个方面展示出来，介绍得越详细，越清晰越好！所以详情页普遍都是比较长的，且介绍也比较全面。

由于手机端的页面屏数受限，详情页面展示就精简多了，如挑选商品最有力的卖点展示、商品属性（尺码和材质）、模特图、细节图等这些必要展示元素，图片商品的细节文案也应该尽量压缩。

图 4-86　添加营销模块

### 4.6.3　购买无线端装修模板

随着手机淘宝网店装修模板的全面上线，淘宝网为卖家提供了更多个性化的无线网店装修模板，在帮助卖家提高网店销量的同时，也提高了买家的浏览体验。当卖家购买了某模板后，就可以自由使用该模板。购买无线端装修模板的具体操作步骤如下。

购买无线端装修
模板

（1）进入店铺装修页面，单击左侧的"模板"，如图 4-87 所示。

图 4-87　店铺装修页面

（2）打开图 4-88 所示的页面，单击右上角的"装修模板市场"。

图 4-88　单击"装修模板市场"

（3）打开装修市场页面，选择相应的装修模板，如图 4-89 所示。

图 4-89　选择相应的装修模板

（4）打开模板详情页面，单击"马上试用"按钮，如图 4-90 所示。

（5）进入试用环境后，可自由调整模块顺序、排列商品等，如图 4-91 所示。试用满意后可进行购买。

图 4-90　单击"马上试用"按钮

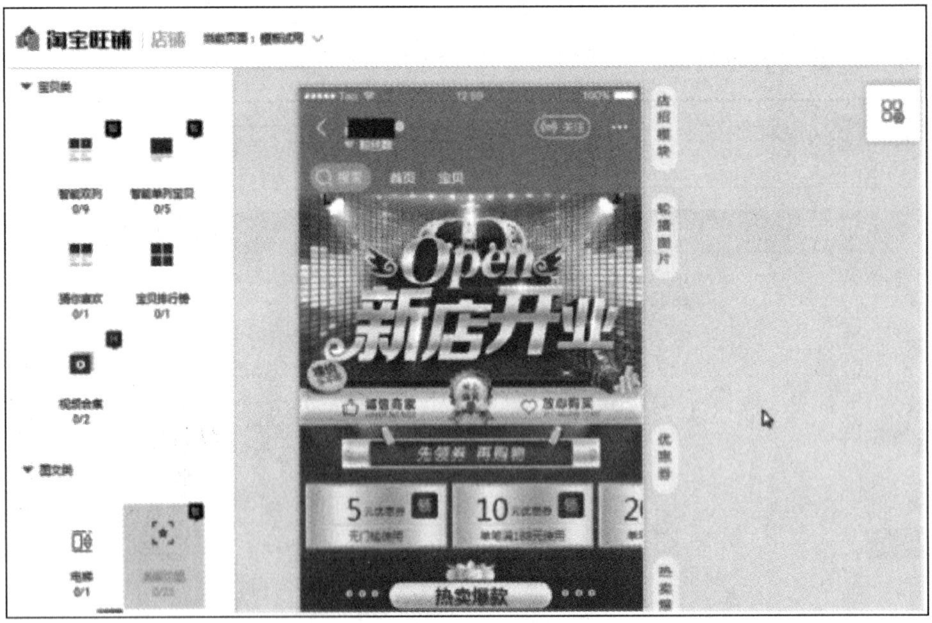

图 4-91　装修模板试用

## 案例分析

### "装修"网店也能赚真金白银

在网购火爆的今天，一个网店除了商品和价格外，网店的门面也很重要。在现实生活中，很多客户是被店面风格吸引而购物的，为了招徕客户，网店也同样需要进行"装修"

才能抓住买家的眼球。

这就催生了一个新职业——网店装修师。他们用图案、文字拓展了营销的意义，也带来了全新的购物体验。对于这个新职业，不少人认为只要能熟悉并运用制图软件就行了，其实制图只是一个基本技巧。要想成为一名优秀的网店装修师，还需要更多看不见的软实力。

据了解，网店装修大致可分为制作模板和个性定制，制作模板相对轻松，而个性定制耗费的精力比较多。做定制时要根据买家需求进行制作，无论是网店招牌、商品的展位设计、客服中心设计等，都要跟客户要求相匹配。

进行网店装修，比的是创意，拼的是人气。尤其是在互联网这一高速运转的平台上，只能向前闯，若迟疑一下，就可能有人赶超你。

王方是一名网店装修师，主要是将设计好的模板卖给淘宝卖家，他每周都会推出一两套不错的模板来卖，一套价格在 200～400 元不等。一般装修网店分为简装、精装，买家要求的层次不同，花费的价格也就不同。简装最便宜，基本有现成的模板，价格在几十元到100 多元；精装要求多，不仅要有"宝贝描述""宝贝分类"等基本模块，还要有网店标牌、整体形象设计、定期制作促销广告等，收费在几百元到上千元不等。

很多人以为网店装修师只要会设计就行了，其实不然。要想成为一名优秀的网店装修师，首先要熟悉电商这一套体系和规则，要让自己成为一个卖家，要知道自己卖的是什么，卖家的定位是什么，怎样才能把这些特色挖掘出来成为卖点；然后还要成为一个客户，熟悉客户的购物习惯以及他们愿意进什么样的网店购物和什么样的设计让他们舒服。

根据上述材料和本章内容，分析以下问题。

1．怎样利用网店装修赚取真金白银？

2．怎样才能成为一名合格的网店装修师？

📖 课后习题

## 一、填空题

1．在处理商品图片的过程中，_____发挥着不可比拟的作用。它是一款强大的图形图像处理软件，在淘宝网店装修中必不可少。

2．_____是传达信息的一个重要手段，店标设计不仅仅是一般的图案设计，最重要的是要体现网店的精神、商品的特征，甚至卖家的经营理念等。

3．网店的店标，按照其状态可以分为_____和_____。

## 二、思考题

1．怎样调整曝光不足的照片？

2．怎样调整拍歪的照片？

3．店标制作的基本方法有哪些？

4．怎样为照片添加水印防止他人盗用？

## 技能实训

**实训一**：掌握 Photoshop 处理商品图片的技巧

1．用 Photoshop 调整拍歪的照片。

2．用 Photoshop 调整模糊的照片。

**实训二**：熟练掌握店标 Logo 的设计

1．掌握店标制作的基本方法。

2．用 Photoshop 设计一个网店标志。

# 第 5 章　淘宝 SEO 网店

淘宝 SEO 就是通过对自己的商品进行合理的优化，使自己的商品在淘宝搜索引擎中获得较好的排名，从而免费给自己的商品带来流量的一种技术。本章主要介绍淘宝 SEO 概述、关键词挖掘与分析、商品标题的优化、商品主图的优化、商品详情页的优化。

# 5.1　淘宝 SEO 概述

淘宝 SEO 几乎是每个淘宝网店必备的工作，是一种非常省心的推广方法。

## 5.1.1　淘宝 SEO 的定义

淘宝 SEO 即通过对淘宝网店各方面进行优化设置，达到网店商品关键词排名靠前、商品曝光率和点击率增加的目的，同时提高进店买家的购物体验，进而提高商品转化率，从而达到网店生意红火的效果。

传统的淘宝 SEO 即淘宝搜索引擎优化，通过优化网店商品标题、类目、商品详情页等来获取较好的排名，从而获取淘宝搜索流量的一种新型技术。

广义的淘宝 SEO 除淘宝搜索引擎优化以外，还包括一淘搜索优化、类目优化、淘宝活动优化等，也把它叫作"淘宝站内免费流量开发"，即最大限度地吸取淘宝站内的免费流量，从而销售商品的一种技巧。

> 📖 **小提醒**
>
> 真正意义上的淘宝 SEO 面临着两大区分：第一种是淘宝网店在淘宝站外的搜索引擎（如百度、谷歌等）的搜索排名优化；第二种是淘宝网站内搜索排名优化。

## 5.1.2　淘宝 SEO 的基本内容

淘宝 SEO 包含以下基本内容：商品关键词优化、商品标题优化、商品主图优化、商品详情页优化。

淘宝 SEO 的基本
内容

## 1. 商品关键词优化

商品关键词优化主要指商品标题优化，也包含网店名字优化等，商品关键词优化的主要作用就是提高网店商品被买家搜索到的概率。

## 2. 商品标题优化

在淘宝开店，要想让商品被买家搜索到，重点应该是优化商品标题。在影响淘宝站内搜索结果排名的诸多要素中，商品标题描述绝对是最重要的一个。卖家要把商品的优势、特色、卖点融入标题。图 5-1 所示为商品标题。

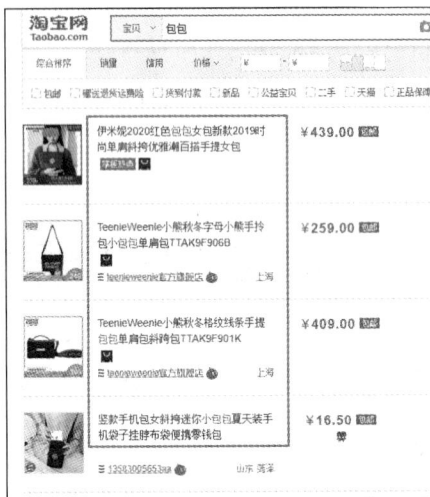

图 5-1　商品标题

## 3. 商品主图优化

主图是商品的展示图，买家搜索商品时首先看到的就是商品主图。主图优化对于提高商品的点击率很重要，因为展现在买家眼前的并不是一件商品，而是几十件商品，如何在这几十件商品中脱颖而出，让买家去点击自己的商品，这就是主图优化的作用。图 5-2 所示为搜索时显示的商品主图。

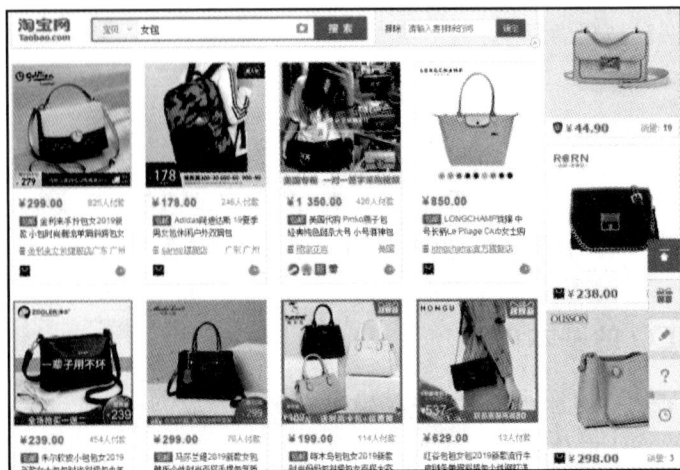

图 5-2　搜索时显示的商品主图

**4. 商品详情页优化**

商品描述的主要作用表现在两方面：一是吸引买家，提高商品成交的转化率；二是展示网店促销信息，引导买家查看网店其他商品，从而增加买家的购买金额。

# 5.2　关键词挖掘与分析

如果商品中包含某一关键词，那么，当买家搜索这个关键词时，很可能就会搜索到你的商品，从而带来无限商机。下面就讲述关键词的挖掘与分析内容。

## 5.2.1　淘宝搜索引擎的工作原理

想要淘宝网店销量好，就要熟悉淘宝搜索引擎的工作原理。买家在淘宝购物最直接的还是搜索想要的商品名称，而商品排名就关联着搜索引擎原理。

淘宝搜索引擎抓取的是商品信息，具体只抓取商品发布的类目、商品发布时填写的属性和商品标题。

网络蜘蛛将网页信息抓取回来以后，搜索引擎会对这些文件进行分解、分析，并且将结果以巨大表格的形式存入数据库，同时建立调用的索引。搜索引擎里面的索引能快速找到并且调用我们需要的网页。

当有买家在搜索引擎中输入关键词之后，单击"搜索"按钮，搜索引擎首先会对买家输入的关键词进行处理。例如，在淘宝搜索引擎里搜索关键词"沙发"，显示的搜索结果如图 5-3 所示。

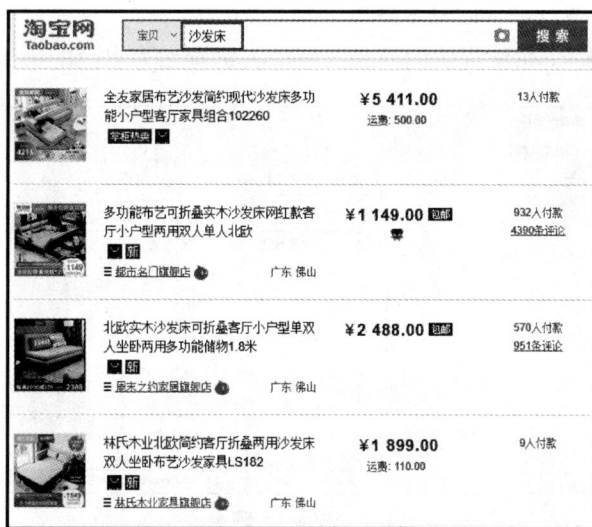

图 5-3　搜索结果

处理完关键词以后，淘宝的搜索引擎就会将它认为可能是买家需要的商品提取出来并进行推荐，搜索引擎这时就要通过计算对这些商品进行排序。

## 5.2.2 选取关键词的技巧

选取关键词的技巧

关键词是描述网店商品及服务的词语，选择适当的关键词是建立一个高访问量网店的第一步。

（1）认真思索并记下与网店或商品有关的所有关键词。尽量站在买家的角度考虑问题。

（2）多问问周围人的意见。例如，多问问家人、朋友、同学，什么样的词适合描述你的商品，很有可能就会找出一些你没想到的词语。

（3）设置热门的关键词，如一些电视剧流行的饰品、明星代言的商品以及最近热门的关键词等。如果有可能，应该合理利用这些关键词来为我们的商品争取更多的流量。

（4）参考其他网店。参照一些同类网店，看一下他们的商品名称是怎么写的。这样有可能会得到一些令人意外的关键词。

（5）如果在商品名称上使用了错别字，也会加大买家的搜索难度，如"生肖"打成"生俏"，这样的失误就在无形中将自己的商品给淘汰了。

（6）建议同类商品不要都用少量的几个关键词，可以在同类商品里把你能想出的词语都用上。

## 5.2.3 关键词的挖掘方法

关键词的挖掘方法

对于新开的网店来说，绝大部分来访的客人都是在淘宝内通过搜索找到的，因此对商品标题的优化尤为关键。关键词挖掘是个系统的工作，必须要结合商品的属性来进行。那么，应该从哪里挖掘关键词呢？淘宝有多个获取关键词的地方，下面就来详细介绍一下。

（1）根据淘宝直通车系统提供的商品匹配的关键词作为自己的关键词，如图 5-4 所示。

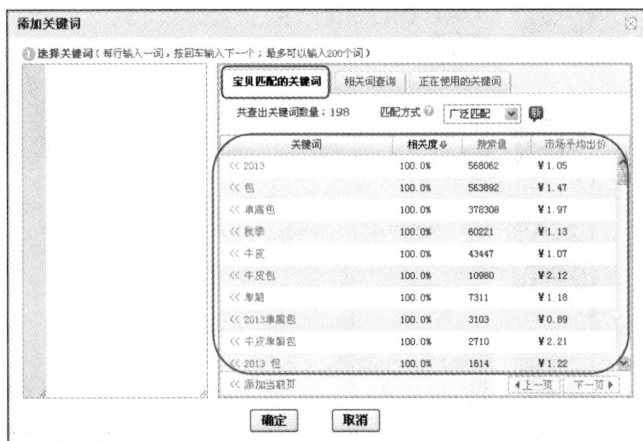

图 5-4　商品匹配的关键词

① 商品匹配的关键词：系统根据商品相关性信息匹配的关键词推荐。

② 相关词查询：在搜索框中输入任意词，查询本词及相关词的流量等情况。

③ 正在使用的关键词：当前账户中其他商品的关键词。

（2）使用商品标题中的关键词，如图 5-5 所示。

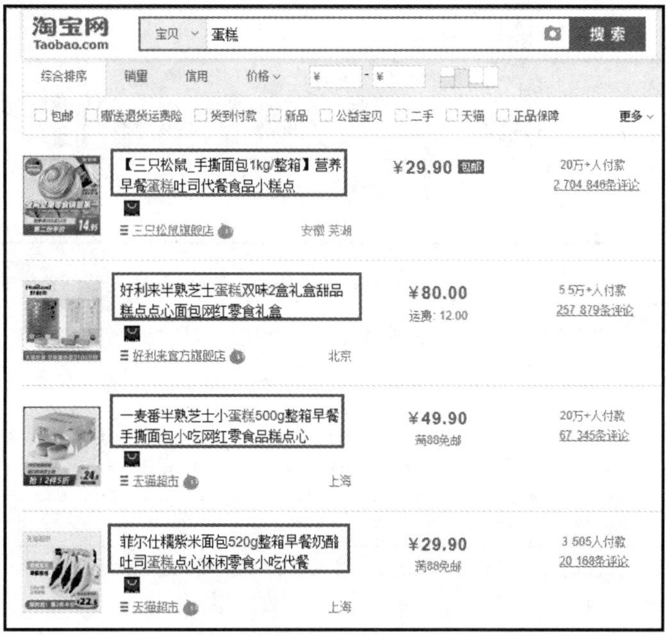

图 5-5　使用商品标题中的关键词

（3）使用商品详情里的属性词，如图 5-6 所示。

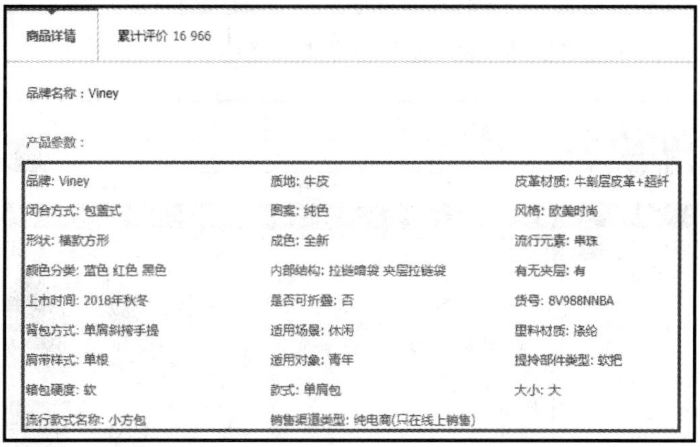

图 5-6　使用商品详情里的属性词

（4）使用淘宝首页搜索下拉框中的关键词，如图 5-7 所示。

（5）使用搜索结果页面中的"你是不是想找"以及更多筛选条件中的关键词，如图 5-8 所示。

（6）使用商品"类目"中的关键词，如图 5-9 所示。

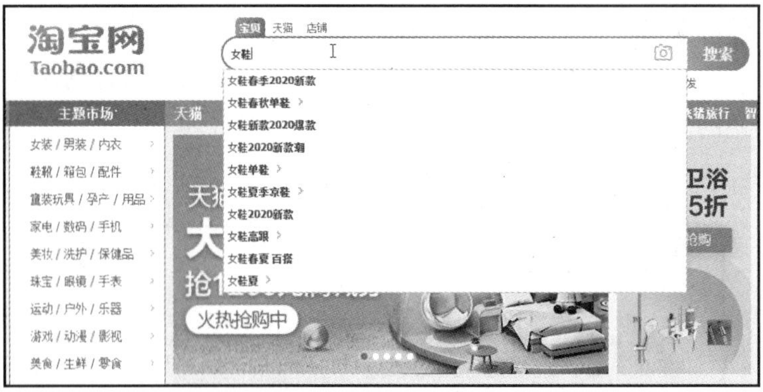

图 5-7 淘宝首页搜索下拉框中的关键词

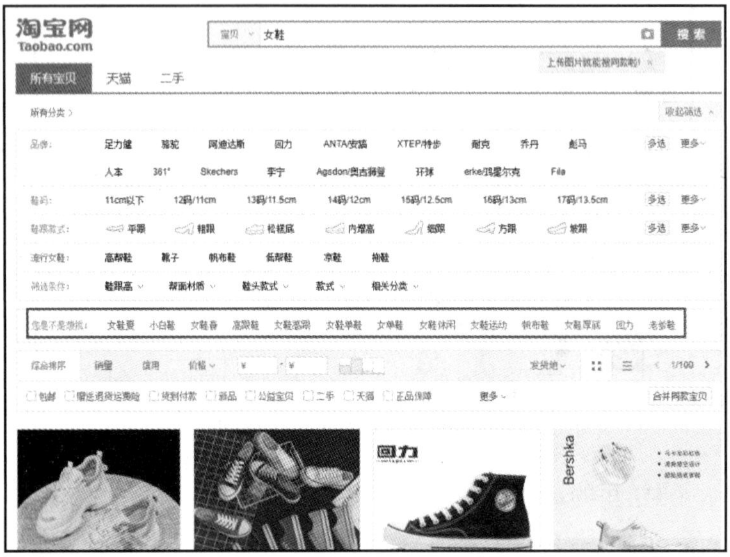

图 5-8 "你是不是想找"以及更多筛选条件中的关键词

图 5-9 使用商品"类目"中的关键词

（7）使用淘宝定期发布的淘宝排行榜中的关键词，如图 5-10 所示。

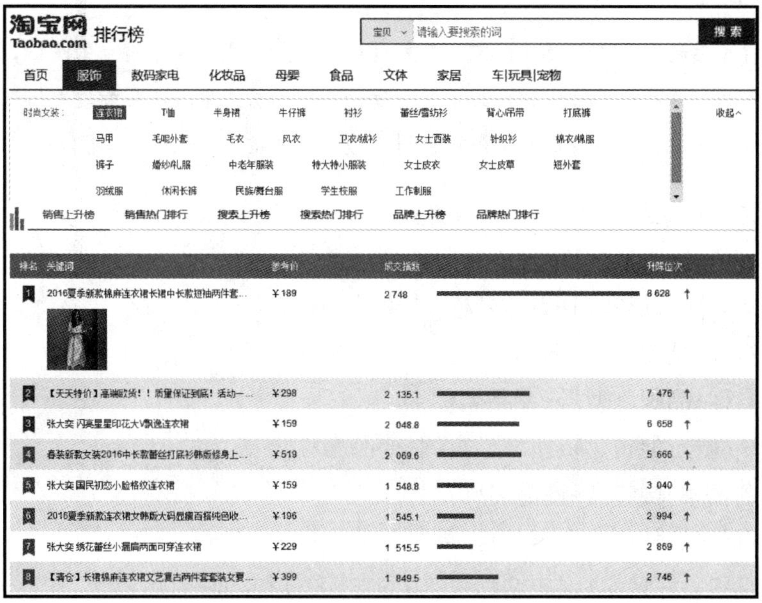

图 5-10　使用淘宝定期发布的淘宝排行榜中的关键词

# 5.3　商品标题的优化

商品标题的优化原则是尽量符合用户的各种搜索习惯，最好是把用户可能会搜索的各种词综合起来写。

## 5.3.1　商品标题的组合策略

一个完整的商品标题应该包括 3 个部分。

第一部分是"商品名称"，这部分要让买家一眼就能够明白这是什么东西。

第二部分是由一些"感官词"组成的，感官词在很大程度上可以增加买家打开商品链接的兴趣。

第三部分是由"优化词"组成的，可以使用与商品相关的优化词来增加商品被搜索到的概率。

这里举一个商品标题的例子来说明，如"【热销万件】2020 夏季新款男士短款鸭绒外套正品羽绒服"，这个商品标题会让买家产生对商品的信赖感。"鸭绒外套""男装""羽绒服"这 3 个词是优化词，它能够让潜在买家更容易找到商品。

在商品标题中，感官词和优化词是增加搜索量和点击量的重要组成部分，但也不是非要出现的，唯独商品名称是雷打不动的，必须要描述出商品名称。

当然，商品标题也不是随便什么文字都可以填的，必须严格遵守淘宝的规则，不然很容易遭到处罚。例如，商品标题需要和商品本身一致，不能干扰搜索。商品标题中出现的所有文字描述都要客观、真实，不得在商品标题中使用虚假的宣传信息。

一般商品标题主要有下面几种组合方式。

- 品牌、型号+商品名称
- 促销、特性、形容词+商品名称
- 地域特点+品牌+商品名称
- 网店名称+品牌、型号+商品名称
- 品牌、型号+促销、特性、形容词+商品名称
- 网店名称+地域特点+商品名称
- 品牌+促销、特性、形容词+商品名称
- 信用级别、好评率+网店名称+促销、特性、形容词+商品名称

这些组合不管如何变化，商品名称这一项一定是其中的一个组成部分。因为在搜索时首先会使用到的就是商品名称关键词，在这个基础上再增加其他的关键词，可以使商品在搜索时得到更多的入选机会。至于选择什么来组合最好，要靠我们去分析市场、商品竞争激烈程度和目标消费群体的搜索习惯来最终确定，以找到最合适的组合方式。

### 5.3.2 优化商品标题的方法

优化商品标题时最重要的就是把商品最核心的卖点用精练的语言表达出来。卖家可以列出四五个卖点，然后选择其中最重要的 3 个卖点融入商品标题中。下面是优化商品标题时的一些方法。

**1. 标题应清晰准确**

商品标题应该准确而且清晰，让买家在一扫而过的时间内就能轻松读懂。

**2. 体现价格信号**

价格是买家关注的重要内容之一，也是最能直接刺激买家做出购买行为的因素。所以，如果你的商品具备一定的价格优势，或是正在进行优惠促销活动，如"特价""清仓特卖""仅售××元""包邮""买一赠一"等，则完全可以在标题中用简短有力的词注明。

**3. 注明进货渠道**

如果网店的商品是厂家直供或从国外直接购进的，可在标题中注明，以突出商品的独特性。

**4. 注明售后服务**

在网上购物不能看到实物，对于某些商品，许多买家会有所顾虑。因此，许多卖家

都提供了颇具特色的售后服务，如"无条件换货""全国联保"等，这些都可以在标题中注明。

### 5. 网店高信誉度记录

如果网店的信誉度较高，达到了皇冠级、金冠级等，就可以在商品标题中注明，以增强买家对与卖家进行交易的信心。

### 6. 单品超高的成交纪录

如果网店中某件商品的销量在一段时间内较高，就可以在标题中使用"月销上千""明星推荐"等文字。善用这些能够调动人情绪的词语，对网店的生意很有帮助。这样会令买家在有购买意向时，极大地降低对该商品的后顾之忧。

### 7. 适当分割以便阅读

如果 30 个字的标题中间没有停顿，会让人感到迷惑。例如，"全场包邮 2019 秋冬新款冬裙羊绒毛呢加厚短裙半身裙包臀裙子"，这么多字中间没有一个标点符号，虽然有利于加大被搜索到的概率，但是也会让买家看得很辛苦，甚至厌烦。所以，少量而必要的断句是必需的。

# 5.4　商品主图的优化

商品主图是网店的核心灵魂。设计出一张具有视觉冲击力和个性的淘宝商品主图，不但能让自己的商品在众多竞争者中脱颖而出，而且能为网店获得更多的流量和点击率。因此，淘宝商品主图的优化是卖家们的必修课程。

## 5.4.1　主图优化的原则

淘宝图片展示是买家对商品的第一感官接触，要想让买家第一眼看上商品，图片一定要进行优化，不仅要展示清楚，还要增加促销信息，彰显品牌和信誉。主图优化应该遵循以下原则。

主图优化的原则

（1）严谨。在优化主图的时候一定要找到适合自己网店、自己商品的方法，不盲目。

（2）凸显卖点。把商品的卖点也就是商品的优点喊出来，如折扣、包邮、价格低等。

（3）注重实际效果。图片做好之后一定要进行对比测试，不要主观地认为自己做出来的图片一定就好，要客观对待，进行对比测试，通过流量变化来判断。没达到优化预期效果、不合格的图片要果断删除，然后继续优化。

## 5.4.2　优化商品主图的方法

怎样优化商品主图呢？其优化方法如下。

优化商品主图的方法

## 1. 突出重点

很多卖家在设计商品主图的时候，会忽略了要突出商品重点这个细节，往往在体现商品效果的时候，分不清主次，容易造成视觉混乱。

## 2. 保证图片的清晰度

想要图片吸引人，提高买家的购买欲，就要保证商品图片一定要做到清晰。清晰的商品图片，不仅能体现出商品的细节和各种相关的信息，还极大地提高了商品的视觉冲击力。否则，朦胧的商品图片，只会降低买家的体验感和购买欲，甚至有些买家还会觉得是盗图，从而对商品也失去了信心。图 5-11 所示为清晰的商品图片。

图 5-11　清晰的商品图片

## 3. 注意美观度

商品图片的设计还要注意美观度。很多卖家为了突出自己的商品优势和特点，都会选择在商品图片上加上一些字眼，如真材实料、正品甩卖、爆款促销等，图 5-12 所示为美观图片。当然，卖家在添加这些字眼的时候，一定要选择最重要的，不要把所有的字眼都加在图片上，否则就会造成图片混乱，缺乏美感，甚至是本末倒置的感觉。

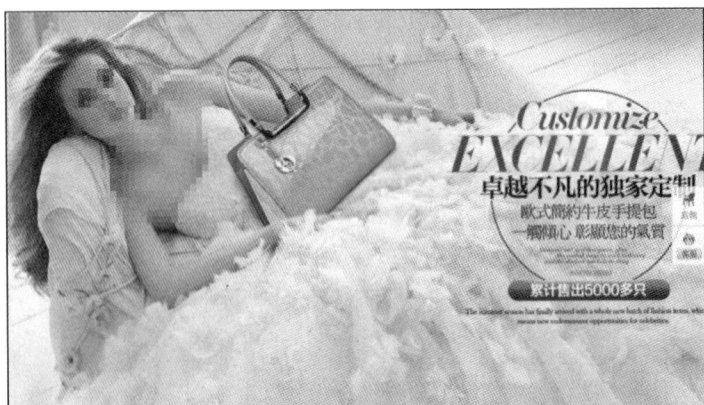

图 5-12　美观图片

# 5.5　商品详情页的优化

一个网店的商品详情页，除了能告知买家该商品的基本情况外，还能通过一些细节展示和文字描述来打消买家的购买疑虑、售后顾虑，从而促成购买。可以说，商品详情页优化的好坏直接影响着网店商品转化率的高低。

## 5.5.1　撰写精彩的商品描述

在网上购物，影响买家是否购买的一个重要因素就是商品描述是否精美，很多卖家也会花费大量的心思在商品描述上，下面是撰写商品描述的步骤。

### 1. 做一个精美的商品描述模板

卖家最好有一个精美的商品描述模板，商品描述模板可以自己设计，也可以在淘宝上购买，还可以从网上下载一些免费的商品描述模板。精美的商品描述模板除了让买家知道卖家在用心经营网店外，还可以对商品起到衬托作用，促进商品的销售。图5-13所示为网上销售的商品描述模板。

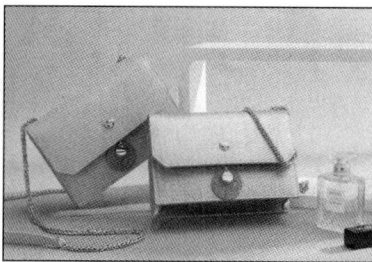

### 2. 拍摄好商品照片

在发布商品描述前还要拍摄处理好商品照片。图片的好坏直接关系到交易的成败，一张好的商品图片能向买家传递很多东西，可以在上面添加货号、美化装饰品、网店防盗水印等。图5-14所示为处理好的商品照片。

图 5-13　网上销售的商品描述模板

图 5-14　处理好的商品照片

### 3. 设计吸引人的开头，快速激发买家的兴趣

商品描述开头的作用是吸引买家的注意，立刻唤起他们的兴趣，给他们一个非得继续看下去的感觉。

不管写什么样的商品描述，必须首先了解潜在买家的需求。了解他们在想什么，找到使他们感兴趣的东西，看看怎么把商品和他们的兴趣联系在一起。

### 4. 突出卖点，给买家一个购买的理由

找到并附加一些商品的卖点，加以放大。应挖掘并突出卖点，很多商品细节与卖点是需要挖掘的。每个卖点都是能对买家产生说服力的砝码。商品描述能够吸引买家的卖点越多，就会越成功。图 5-15 所示为突出商品的卖点。

图 5-15　突出商品的卖点

### 5. 给买家购买推动力，让对方尽快采取行动

当买家已经对商品产生了兴趣，但还在犹豫不决的时候，就需要给他/她一个推动力。不要让潜在买家有任何对你说"考虑考虑"的机会。可以在商品描述中设置免费的赠品，并且告诉他/她，赠送赠品的活动随时都有可能结束，让其尽快采取行动。

### 6. 通过建立信任，打消买家疑虑

利用好买家的评价，并附加在商品描述里。放些买家好评和聊天记录，增加说服力。第三方的评价会让买家觉得可信度更高，只有让买家说你好，其他的买家才会相信你。图 5-16 所示为把信用评价添加在商品描述中。

图 5-16　把信用评价添加在商品描述中

## 5.5.2 写好售后服务内容

不论是商品名称、商品图片还是商品描述，其实就是我们和买家之间交易的条款和契约。例如，这是一件什么样的商品，是全新的还是二手的，它的具体商品信息有哪些等，所有这些买卖双方所关心的问题都应该真实、详细地体现在商品的描述里。

例如，一双鞋，是皮鞋还是布鞋，是棉鞋还是凉鞋，是什么面料、什么颜色、什么尺码、适合什么体型的人穿，出现质量问题应该怎么办以及退货要求和退货费用，关于这件商品的所有疑虑，买家都需要在商品描述中得到答案。所以，商品描述越详细，以后出现纠纷的可能性就越小，也越容易打动买家并促成交易。

一般除了商品的详细情况以外，买家还会关心商品的售后服务，如什么情况下可以退货、什么情况下可以换货及发生退货产生的邮费由谁承担等。不同地区及不同的物流方式会产生不同的邮费，对于邮费的说明，相信每一个买家都会很仔细地查看，这些详细的说明对商品的成功销售能起到积极的推动作用。图 5-17 所示为退货换货的详细规则和流程。

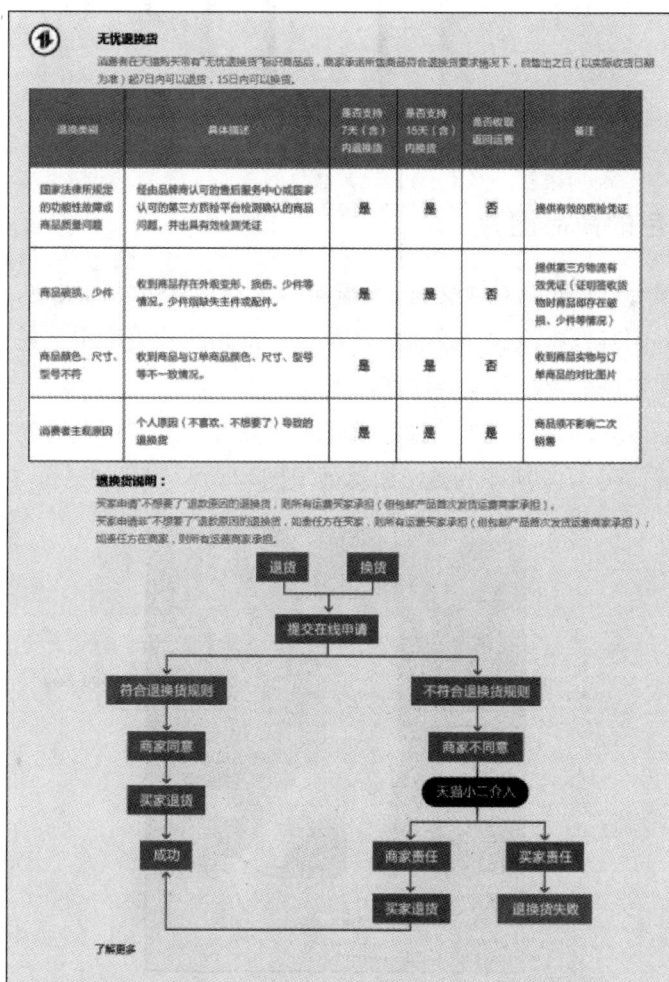

图 5-17　退货换货的详细规则和流程

### 5.5.3 附上商品权威证书

在页面中放上商品权威证书证明，让买家感觉你的网店很专业。如果是功能性的商品，需要展示能够证明自己技术实力的资料。提供能够证明不是虚假广告的文件，或者如实展示人们所关心的商品制作过程，这些都是提高网店可信度的方法。如果所售的商品在电视、报纸等新闻媒体上曾有报道，那么收集这些资料展示给买家也是一种很好的方法。图 5-18 所示为页面中展示了商品的相关证书和证明资料。

图 5-18　页面中展示了商品的相关证书和证明资料

### 5.5.4 准备出色的商品图片

网上开店有别于日常的面对面交易，买家难以亲身感受商品的质地、做工、细节及商品的其他特点，在这种大环境下，商品图片就变得至关重要了。商品图片要吸引人，就需要注意以下内容。

（1）注意商品图片的整体效果。通过整体效果图片，买家可以对商品有一个总体了解，图 5-19 所示为商品整体效果图片。

准备出色的商品图片

图 5-19　商品整体效果图片

（2）注意图片背景。在拍摄照片时，适当加入背景可以更好地展示商品。但背景千万不要喧宾夺主，要牢记图片是用来表现商品的，应主次分明。图 5-20 所示是添加了适当背景的图片。

（3）道具搭配拍摄。商品图片的道具不能太大，不然就可能喧宾夺主，商品搭配如图 5-21 所示。

图 5-20　添加了适当背景的图片

图 5-21　商品搭配

（4）使用真人模特。因为商品图片只是给买家一个商品的概念，如果有真人模特示范，这就是给买家最好的定心丸。图 5-22 所示为采用模特实拍。

（5）外景拍摄。有些商品需要外出拍摄，配合四季的气息融合该商品，给人一种自然的感觉，所以外景拍摄图片也是不错的选择。图 5-23 所示为采用外景拍摄。

图 5-22　采用模特实拍

图 5-23　采用外景拍摄

一张好的图片能起到事半功倍的效果，但前提是图片质量要过关，一张模糊的图片不仅影响买家对该商品的认知，还会影响买家浏览时的心情。

## 5.5.5　做好细节图

很多新手卖家都不注重细节图的拍摄，甚至在页面上没有细节图，这样是很难获得买家的信任的。要想提高商品的成交率，除了商品自身的独特性、商品本身的性价比外，细节图也起到了一个很关键的作用。

所以，为了网店的生意，商品细节图的拍摄一定不能少。服装类商品需要拍摄的细节部分有吊牌、拉链、线缝、内标、Logo、领口、袖口以及衣边等，细节图越多，买家看得越清楚，对你的商品产生好感及购买的可能也就越大。在图5-24所示为使用多幅图片详细地展示商品的不同部位。

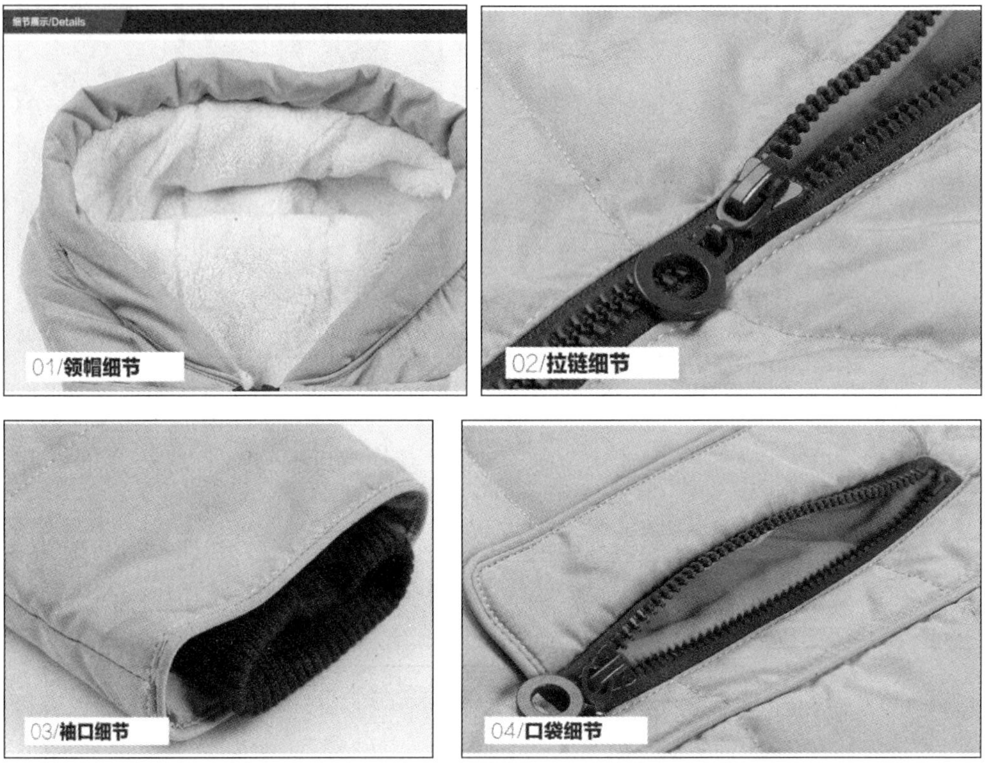

图5-24　使用多幅图片详细地展示商品的不同部位

📕 **案例分析**

### 下岗失业者淘宝开店变老板

如今李晓敏对自己的生活和工作都很满意，她每天可以有很多时间上网关注自己的网店，而且经营得很不错，所以不会再担心没有工作要怎么去生活的问题了，同时也可以有时间做自己以前想做而没做的事情。这样的生活，让很多人都对李晓敏羡慕不已。

前几年，李晓敏的生活和工作与现在真是截然相反，那时因为经济不景气，"80后"的李晓敏成了失业者。在没找到正式工作时，李晓敏会抽些时间去做兼职来赚钱维持生活。在一次兼职结束后，一个朋友给她打了个电话说："有时间的话，可以在网上开店赚钱，而且网店很受年轻人的青睐，刚好可以解决找工作的难题。"李晓敏也觉得这是个不错的建议，值得试试。

机会来了，就看你能不能抓住，成败也就在你的考量之间。李晓敏抱着试试看的心态在淘宝开起了网店。自从李晓敏把网店开起来后，买家的浏览量也很大，虽然成交率不是很高，但是李晓敏一直在不断地推广宣传自己的网店，会通过写文章吸引买家，也让朋友帮忙在周围进行宣传，李晓敏自己也会在不同的论坛、博客等网站中宣传自己的新型网店，经过不断推广、宣传，李晓敏的网店浏览量每天都在增加，并且成交的订单也从三天一笔到一天一笔，直到现在一天的 300 多笔，这让身为新手的李晓敏更加兴奋，也对自己网店的盈利更加充满信心。

经过三个月的努力，李晓敏每天的利润从几元，到几十元甚至到达几百元，而且，李晓敏对开网店也越来越有感觉，能够更好地用不同的优惠宣传方式来吸引买家。

如今的李晓敏对自己的生活很满意，在淘宝开店也让李晓敏找准了自己的发展方向。她坚信经过不懈努力，就会让目标实现的期限提前，用不同的方式去工作、生活，结果也许会比你预想的还要成功。

根据以上材料，分析如下问题。

1．下岗失业人员淘宝开店有什么优势和劣势？

2．新手开店后，怎样不花钱去宣传推广自己的网店？

## 📕 课后习题

### 一、填空题

1．淘宝_____是一种通过研究淘宝排名规则，把自己的商品优化成符合淘宝排名规则的商品，从而提高商品的排名位置，来获得流量。

2．传统的淘宝 SEO 即淘宝搜索引擎优化，通过优化网店_____、_____、_____等来获取较好的排名，从而获取淘宝搜索流量的一种新型技术。

3．_____是网店的核心灵魂。设计出一张具有视觉冲击力和个性的_____，不但能让自己的商品在众多竞争者中脱颖而出，而且能为网店获得更多的流量和点击率。

4．一个网店的_____，除了能告知客户该商品的基本情况外，还能通过一些细节展示和文字描述来打消买家的购买疑虑、售后顾虑，从而促成购买。

### 二、思考题

1．淘宝搜索引擎的工作原理是什么？

2．选取关键词的技巧有哪些？

3．挖掘关键词的方法有哪些？

4．怎样在标题中突出卖点？

5．撰写商品详情页的步骤有哪些？

## 技能实训

实训一：挖掘与分析关键词

1．选取关键词的技巧。

2．从多种渠道挖掘关键词。

实训二：优化商品主图

1．商品主图优化的原则。

2．怎样优化商品主图？

# 第6章　设置疯狂促销活动

近年来，虽然网上商店的数量与日俱增，但许多网店由于缺乏经营意识，只是昙花一现。网上商店同传统的商店一样都需要精心打理，因此，制定既适合网店又适合网络环境的促销活动就显得十分必要。本章主要讲述促销活动基础知识、淘宝活动概述、不同类别的促销活动的报名、常见的促销方式。

# 6.1　促销活动基础知识

本节主要介绍促销活动基础知识，包括什么是促销、促销的最佳时机。

## 6.1.1　什么是促销

促销就是卖家向买家传递有关网店及商品的各种信息，说服或吸引买家购买其商品，以达到扩大商品销售量的目的。促销实质上是一种沟通活动，即卖家发出作为刺激消费的各种信息，把信息传递给一个或更多的买家，以影响其购买态度和行为的过程。

经常逛街的朋友都知道，大街上的商场、超市几乎天天都在做促销活动，平日里促销活动的力度小些，逢年过节促销的力度就会大一些，很多网店也都在做促销活动。

那么促销活动到底能给网店带来哪些好处呢？

第一，可以激励买家的第一次购买行为。买家第一次进入一家网店购买商品时心中存在的疑虑是很多的，促销活动执行得到位可以调动买家的购买热情，可以让买家消除疑虑选择购买。

第二，可以让以前购买过的买家再次光顾。在商品质量没有问题的基础上，已经购买过的买家对你网店的疑虑是比较少的，但是买家的消费需求是有周期性的，策划一场成功的促销活动可以让买家坚定再次购买的信心，也可以让买家的消费周期缩短。

第三，可以帮助店主用最短的时间抢占市场份额。任何一场促销活动都是以销售量或者销售额作为最终目的的，好的促销活动可以带来更多的买家，也可以提高买家的平均购买金额。有新商品上架时，也可以利用促销活动快速打开市场。

第四，可以帮助店主更好地执行"加一销售法"，"加一销售法"的目的和促销活动的目的其实是一样的，就是想办法让买家进行首次购买并且尽量让其多买一些，促销活动的执行可以让"加一销售法"的效果翻番。

最后，网店还可以利用促销活动给予买家实在的好处，以回馈市场、回馈买家。

## 6.1.2 促销的最佳时机

促销虽好，但不能什么时候都用，如果全部商品都在搞促销，这样的促销也没有什么意义了。一般来说，促销的最佳时机有以下几种。

### 1. 节日促销

逢节日促销是现在卖家惯用的手法，尤其是国庆、五一、元旦等大节日更是给卖家带来了促销的理由。图 6-1 所示为在年中节日促销商品。

图 6-1  在年中节日促销商品

当然，节日促销也要结合自身的商品实情及买家的特征来进行，如你是卖女装的，在父亲节搞促销显然不合适。

### 2. 新品上架

新品促销可以作为网店长期的促销活动，因为一个用心经营的网店总是会源源不断地推出新品的。新品的促销既能加快商品卖出的速度，也利于培养老顾客的关注度，从而提

促销的最佳时机

高他们的忠诚度！

> **小提醒**
>
> 新品上市第一阶段，如果没有一个恰当的促销时机，可能销售量很难跨过上市门槛。促销的最佳时机一般定在新商品上市的一个月后，即铺货率能达到 50%左右的时候进行促销的效果最佳。

3. 季节性商品的促销时机

季节性销售明显的商品，都存在淡季、旺季之分，每一年都在重复着淡季、旺季这种规律。

网店在旺季开始前期，需要对市场进行一定的告知性促销，以预热市场，目的是使商品能够顺畅地流入市场，得到市场的前期效果，为商品旺销季节的到来奠定基础，甚至达到提前启动旺季的效果。如夏季为凉鞋的销售旺季，在此时促销凉鞋就是很好的时机。夏季凉鞋促销如图 6-2 所示。

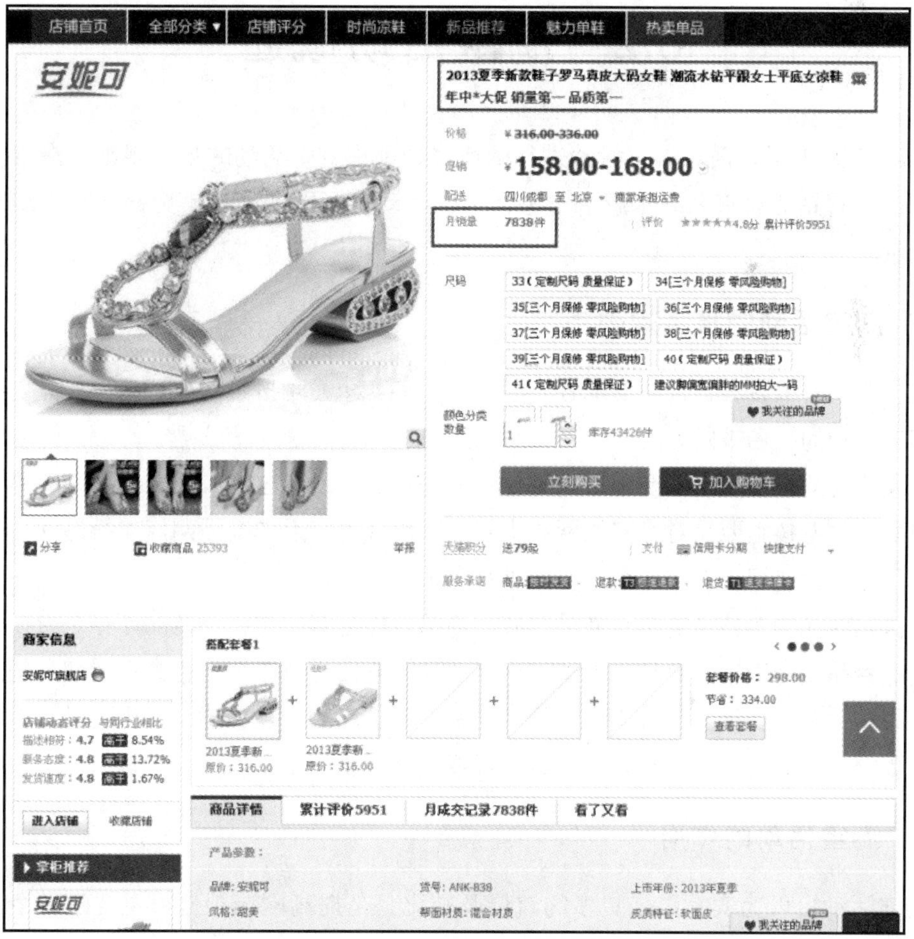

图 6-2 夏季凉鞋促销

在商品旺季正式开始时，网店在进行主打商品促销的同时，还可以利用低价策略促销其他商品。

旺季结束之后，销售开始下降，为了延长旺季时间，网店应立即进行促销，尽可能地消化库存。

随着市场进入淡季，此时开展促销活动依然必要，不是为了销量，而是希望获得买家来年更大的支持。

### 4. 店庆

网店在"升钻升冠"时，都会庆祝一下，搞一些促销优惠。网店开张周年庆，更是大好时节，不仅可以做比较大型的促销，还可以向买家展示网店历史，给人信任感。

### 5. 换季清货

一些季节性强的商品，换季促销时活动力度一般都会比较大，而买家显然也很乐于接受换季清仓这类活动。

# 6.2 淘宝活动概述

下面将从 3 个方面对淘宝活动进行阐述，分别是淘宝活动的报名规则、淘宝活动的作用、淘宝营销活动报名。了解淘宝平台上的活动，可以帮助卖家更好地利用淘宝活动吸引流量。

## 6.2.1 淘宝活动的报名规则

淘宝活动有很多种，参与要求各不相同。卖家若想成功报名淘宝活动，首先要透彻地了解淘宝活动的报名规则。

淘宝活动的报名规则主要包括两部分：一是对卖家的考核，二是对报名商品的考核。

对卖家的考核主要是对卖家的网店类别、物流服务、近 30 天网店纠纷退款、网店服务态度、是否因违规正在处罚期等方面进行考核。

对报名商品的考核主要是对商品图片、商品价格、商品类目、商品库存是否在规定范围之内、商品是否应季、商品是否适应这个活动等方面进行考核，也会查看商品是否有品牌授权及相关安全认证。一般来说，活动规则中对于商品描述中的图文相关设置也有一定要求，如报名商品的主图、标题、内页等都要遵守活动规则。

## 6.2.2 淘宝活动的作用

淘宝活动可以为卖家带来更多的流量及转化，是提高网店销量很重要的一个营销手段。淘宝活动主要有以下几个方面的作用。

## 1. 带来流量

成功的淘宝活动可以为网店吸引更多的流量，不过这种活动带来的流量通常只是暂时性的，往往活动一结束，流量就会快速回落。

## 2. 带动销售

一场传统的营销活动，有可能带来价值几百万元的订单。在互联网上，好的营销活动同样也会对销售产生巨大的推动作用。

## 3. 提高品牌知名度

策划大型的活动会在行业内及用户中引起非常大的反响，成为被关注的焦点，品牌知名度就会得到很大的提高。

## 4. 带来分享内容

卖家可以通过活动吸引用户分享，如通过举办买家秀活动，让用户在论坛、博客、微信朋友圈中写一写使用商品的感受、做一些评论，就可能会为网店带来良好的口碑效应。

## 5. 提高用户忠诚度

丰富多样的活动会增加用户的忠诚度。卖家可以定期做一些老客户回馈活动等，以增加客户的忠诚度。卖家也可以尝试不同形式的活动类型，但应注意避免直接降价的活动。图 6-3 所示是通过"好评有礼"活动来提高用户忠诚度。

图 6-3 通过"好评有礼"活动来提高用户忠诚度

### 6.2.3 淘宝营销活动报名

了解了淘宝活动的报名规则后，就可以开始报名了。虽然淘宝活动有很多个，但淘宝平台的活动入口大致可以分为以下几种。

（1）进入到营销活动中心，选择左侧"行业营销活动"中的"我能参加的活动"选项，就会出现一系列活动报名的内容，如图 6-4 所示。

淘宝营销活动报名

图 6-4  活动报名

（2）进入千牛卖家工作台，选择左侧"营销中心"下面的"我要推广"选项，这里也有很多活动报名机会，如聚划算、淘金币、天天特价、淘抢购等，选择"营销中心"下面的"我要推广"如图 6-5 所示。

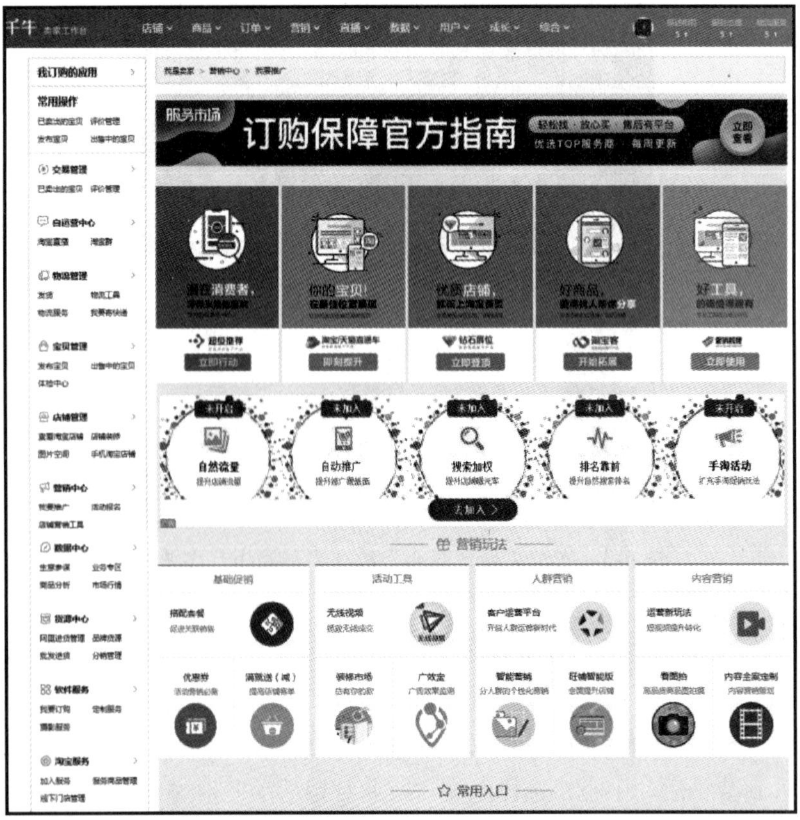

图 6-5  选择"营销中心"下面的"我要推广"

# 6.3 不同类别的促销活动的报名

不同的淘宝活动会针对不同的卖家群体。常见的淘宝活动有聚划算、淘金币、淘抢购、行业营销活动、淘宝买家秀活动。

## 6.3.1 聚划算

聚划算成立于 2010 年，如今已经成为互联网买家的首选团购平台，聚划算首页如图 6-6 所示。淘宝（天猫）卖家已经把聚划算当作推广网店、打造人气商品的好方法，买家在聚划算可以花很少的钱就淘到中意的商品，聚划算实现了卖家和买家的双赢。

聚划算

图 6-6 聚划算首页

参加聚划算能迅速提高网店流量，其单品销售量比没有参加聚划算的单品高出几倍甚至上千倍，图 6-7 所示为聚划算活动带来的单品销量巨大。参加聚划算一般都能让卖家的商品成为爆款。此外，参加聚划算还能使网店快速曝光，让网店的更多商品被买家看到，增加其他商品的销量。

卖家报名参加聚划算具体的操作步骤如下。

（1）首先进入聚划算首页，单击顶部的"商户中心"，如图 6-8 所示。

（2）进入淘宝网卖家聚划算页面，单击"我要报名"，如图 6-9 所示。

（3）进入营销活动中心，单击左侧的"活动报名"下面的"聚划算"，如图 6-10 所示。

图 6-7 聚划算活动带来的单品销量巨大

图 6-8 单击"商户中心"

图 6-9 单击"我要报名"

图 6-10　单击"聚划算"

（4）在"聚划算客户端 1 元拼团"活动页面中选择"聚划算 1 元抢券频道"，如图 6-11 所示。

图 6-11　选择"聚划算客户端 1 元拼团"活动

（5）单击"去报名"，如图 6-12 所示。

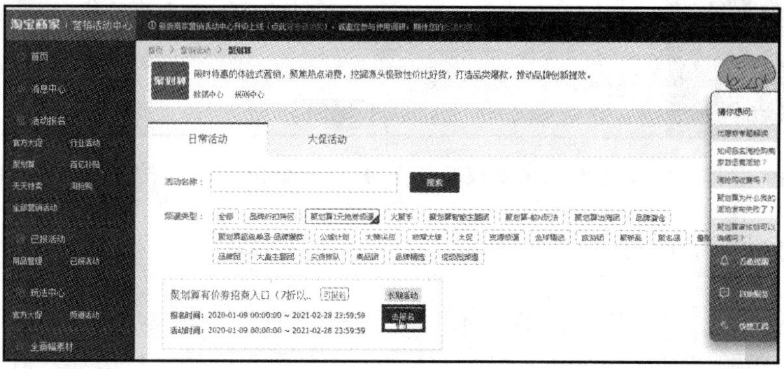

图 6-12　单击"去报名"

（6）进入了解"聚划算有价券招商入口（7 折以下店铺券）"活动详情页面，单击"下一步"，如图 6-13 所示。

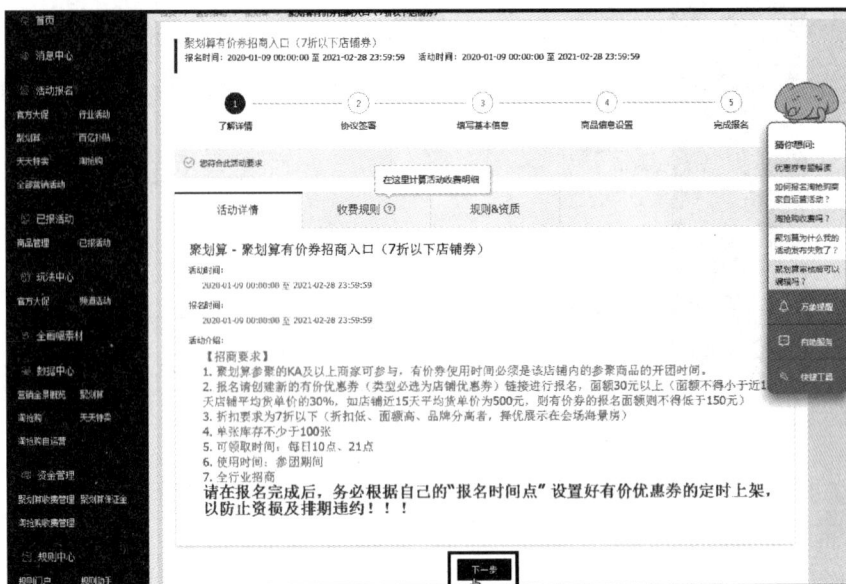

图 6-13　了解活动详情页面

（7）进入"聚划算有价券招商入口（7 折以下店铺券）"协议签署页面，阅读完成后，单击"提交"按钮，如图 6-14 所示。提交完成后，即可报名参加聚划算活动。

图 6-14　阅读《营销平台服务协议》补充协议（参加聚划算、淘抢购的卖家适用）

### 6.3.2　淘金币

淘金币是淘宝平台为淘宝卖家量身打造的免费网店营销工具，卖家可以通过淘金币账户赚金币，给买家发淘金币，打造网店专属的自运营体系，提高买家黏性与成交转化率。

淘金币

下面讲述报名淘金币活动的具体操作步骤。

（1）进入"千牛卖家中心"，单击左侧"营销中心"下面的"我要推广"选项，打开"我要推广"页面，单击"淘金币"按钮，如图 6-15 所示。

图 6-15　单击"淘金币"按钮

（2）进入"淘金币卖家服务中心"，单击右侧的"报名活动"按钮，如图 6-16 所示。

图 6-16　单击"报名活动"按钮

（3）进入"淘金币卖家服务中心"页面，根据自己的经营项目选择报名活动，"淘金币活动报名"页面如图 6-17 所示。

图 6-17 "淘金币活动报名"页面

### 6.3.3 淘抢购

淘抢购是淘宝无线端重要的营销产品之一,受到淘宝店主们的欢迎。目前淘抢购的活动形式以时间为维度,每天分场次进行展示,所有商品限时限量售卖,场次有 8:00 场、10:00 场、11:00 场、12:00 场、13:00 场、14:00 场、15:00 场、17:00 场、19:00 场、21:00 场、22:00 场、23:00 场、00:00 场。图 6-18 所示为淘抢购首页。

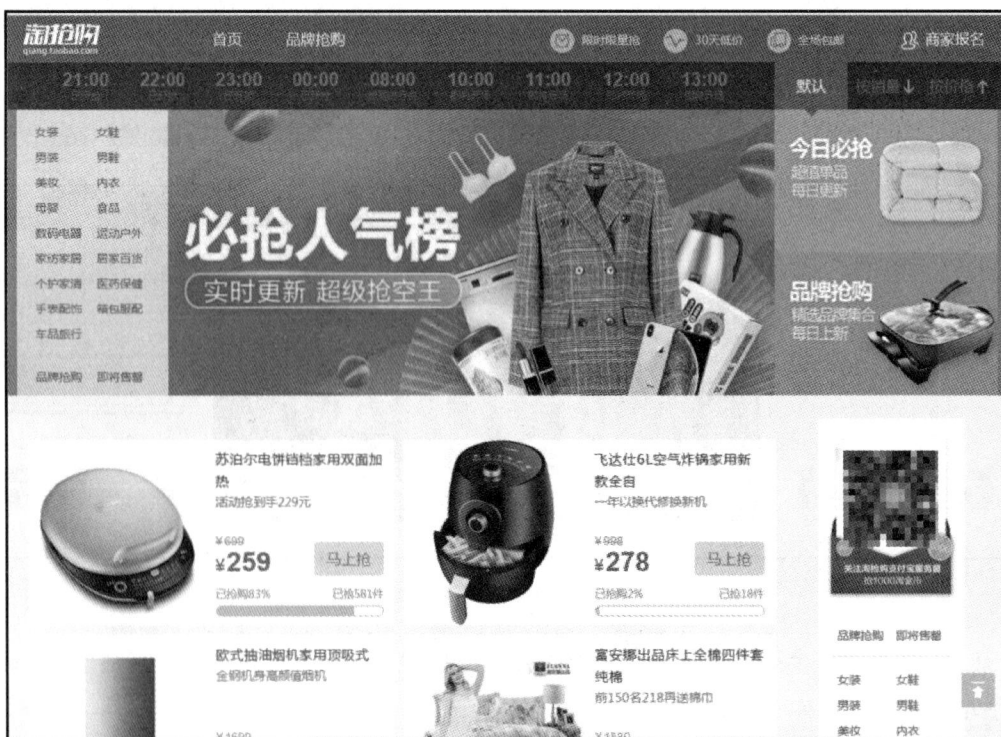

淘抢购

图 6-18 淘抢购首页

报名淘抢购的具体操作步骤如下。

（1）在淘抢购首页顶部，单击"卖家报名"，进入淘抢购商户中心页面，在此页面中单击"我要报名"。淘抢购商户中心页面如图6-19所示。

图 6-19　淘抢购商户中心页面

（2）进入报名页面，单击"我要报名"按钮，如图6-20所示。

图 6-20　单击"我要报名"按钮

（3）进入淘抢购活动页面，可以选择其中的活动并根据提示进行报名。淘抢购活动页面如图6-21所示。

图 6-21　淘抢购活动页面

## 6.3.4　行业营销活动

网店经常做一些营销活动，不仅能提高品牌的影响力，还能提高买家的忠诚度，吸引买家来关注。在淘宝官方营销活动中心，显示了各个行业的营销活动。淘宝行业营销活动如图 6-22 所示。

行业营销活动

图 6-22　淘宝行业营销活动

报名参加行业营销活动的具体操作步骤如下。

（1）进入淘宝官方营销活动中心，选择其中一个活动，如选择珠宝配饰，单击后面的"立即报名"，进入活动介绍和规则资质页面，如图 6-23 所示。

图 6-23　活动介绍和规则资质页面

（2）单击"立即报名"弹出"活动报名类目限制"对话框，然后单击"确定，立即报名"按钮，如图 6-24 所示。

（3）进入"签署协议"页面，认真阅读以下条款，确认无误后再勾选"我同意并签署以上协议"，然后单击"下一步"按钮，如图 6-25 所示。

（4）接着填写网店信息，如图 6-26 所示。

（5）接着填写商品信息，完成后即可报名行业营销活动。填写商品信息如图 6-27 所示。

图 6-24　单击“确定，立即报名”按钮

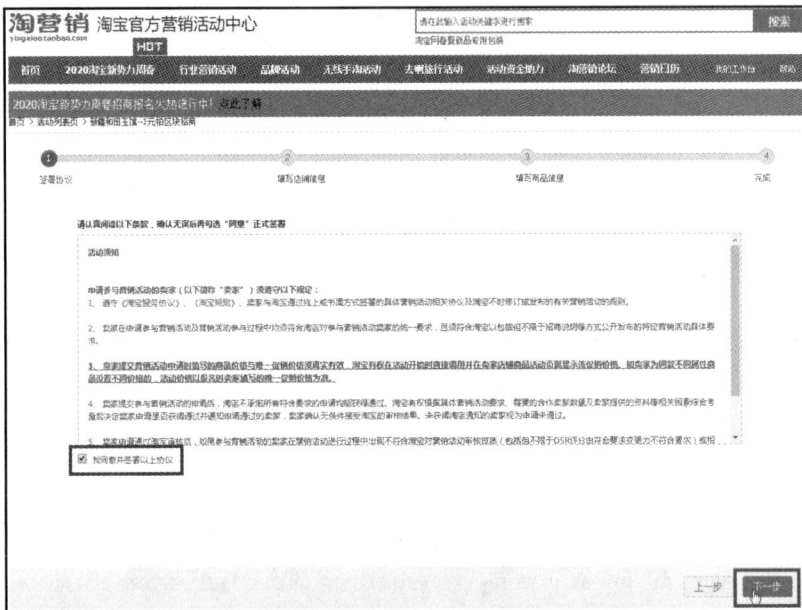

图 6-25　阅读协议

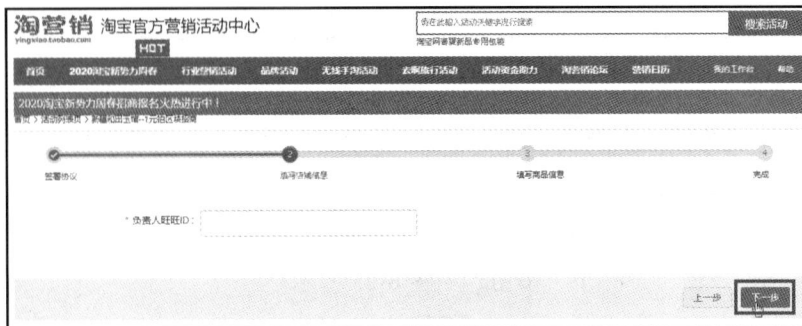

图 6-26　填写网店信息

图 6-27　填写商品信息

## 6.3.5　淘宝买家秀活动

淘宝买家秀可以给买家提供指导性意见，引导客户下单。很多买家在淘宝购物时，都会查看一下有没有商品买家秀。因为淘宝买家秀对商品的评价一般可以作为判断该商品好坏的一个标准。

随着电商平台的竞争压力越来越大，各大电商平台都越来越重视买家的购物体验。买家秀是淘宝推出的一个互动工具，让买家把每次购物的体验秀出来，给更多的买家提供购物参考，这样做可以大大提高网店的转化率。图 6-28 所示为淘宝买家秀活动，丰富的配图可以增加内容的趣味性，因此在选择买家秀时，应尽量选择图片数量多的。

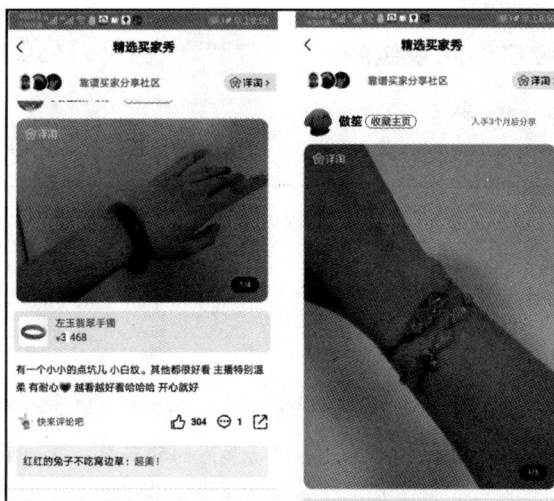

图 6-28　淘宝买家秀活动

# 6.4 常见的促销方式

　　在淘宝网店运营的过程中，卖家为了吸引买家下单购物，使用的促销方式越来越多。本节主要讲述淘宝网店运营过程中常见的几种促销方式。

## 6.4.1 限时限量促销

　　利用人人都想占便宜的心理，卖家会精心设计一些有限定条件的商品广告，使买家觉得不立即抢购就会吃亏。例如，常看到这样一些广告，"三日之内，本商品四折出售，欲购者从速""优惠只限于前 100 名幸运者"。图 6-29 所示为限时促销商品。

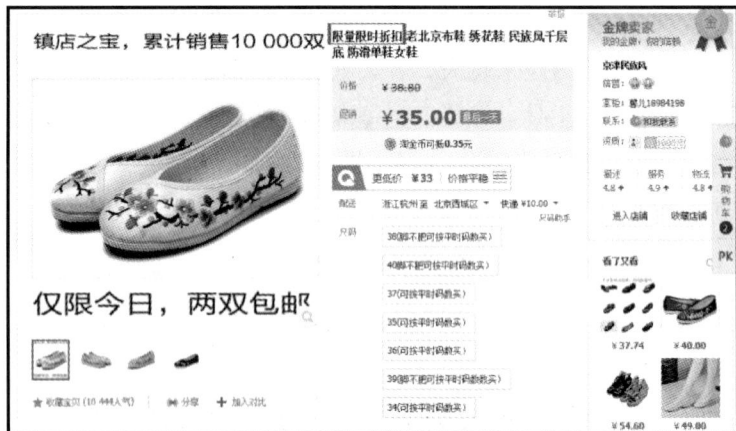

限时限量促销

图 6-29　限时促销商品

限时促销抓住了人们爱占便宜的心理，是一种非常有效的促销手段。但如果不能系统地把握其中的诀窍，不仅不能取得很好的效果，还可能会弄巧成拙。那么该如何去做，才能扬长避短，达到应有的效果呢？

### 1. 选择商品

哪些商品适合限时促销？流行商品、应季商品、大众化商品、单价不过高（也不太低）的商品一般是首选。限时促销商品根据不同的种类一般定为原价的 4～5 折，价格不能太低，太低就有假货、滞销货的嫌疑，会引发买家失望和生疑。当然，为了考虑商品的吸引力，偶尔拿出一些非常敏感的商品做几次惊爆价格也是可以的，但最好不要频繁地做。

### 2. 选择合适的促销时机

很多限时抢购促销的失败都与时机选择有关。选择节假日、周末，特别是有大型促销活动的时间开展促销活动比较好，如换季促销、周年庆、黄金消费周等。因为这时网上的人流量大，限时抢购的效果比较好。

## 6.4.2 赠品促销

赠品促销就是买家在购物时，卖家以"赠品"赠送的形式向买家提供优惠，吸引其参与该品牌或该商品的购买。赠品促销是常用的促销方式，它把商品作为礼物赠送给买家，以一种实物的方式给买家非价格上的优惠。这种方式虽然没有价格促销这样直接，但它可以以一种看得见而又实实在在的方式冲击买家、增强品牌观念，让买家购买商品并长时间使用。

赠品促销

> 📖 **小提醒**
>
> 创造性地运用好赠品促销，可以获得基于该商品或服务独具特色的、竞争者不能轻易模仿的良好效果。可以说，赠品促销是一种既能短时间增加销量、又能长时间树立品牌的极佳促销方式。

怎样有效地使赠品达到理想的效果呢？

（1）不要选择劣质品作为赠品，否则只会起到适得其反的效果。不要以为"赠"就是"白送"，便可随意忽悠买家。赠品也须重质量，体现的是卖家的诚信。在选择赠品之前，需要关注你的竞争者，要看看他们的营销策略是怎样的。关注对你构成竞争的那些网店用的是什么样的赠品，只有你的赠品比他们的赠品价值高，比他们的赠品好，才能打败竞争者。

（2）要体现赠品所达到的额外价值，得到买家的认可。赠品的核心是让目标买家认为"物有所值"，否则，若送的是令他们毫无感觉的东西，就失去了赠品的意义。

但赠品的价值也不能太高，因为这将花费更多的成本。当你提供价值高得离谱的赠品时，就会引起买家的猜疑，有些买家会觉得你的商品的利润空间太高，降低了主商品在他们心中的价值，也有可能会使其干脆放弃购买。

（3）注意赠品的时间性和空间性。例如：不要在夏天送冬天才能用的商品。要选择买家需要的赠品，这是很重要的。如果赠品是买家用不着的，那对其就没有任何的吸引力，就更谈不到提高交易的价值了。所以，应该认真思考，根据买家的需要来选择赠品，只有买家需要的赠品对他们才有吸引力。

（4）把网店的信息告诉买家。在赠品上印上网店标志、Logo、设计得很可爱的电话号码等，让买家每次用你的赠品时，都会联想到你的网店。

赠品促销不仅可以带动网店的销量，其更重要的意义在于吸引更多人关注你的商品、网店，你从中可以挖掘更多的潜在买家。

图 6-30 所示为买两罐茶叶免费送杯子的促销活动。

图 6-30　买两罐茶叶免费送杯子的促销活动

## 6.4.3　打折促销

打折促销即直接让利于买家，可以让买家非常直接地感受到实惠，因此是目前常用的一种阶段性促销方式。图 6-31 所示为折扣促销。

打折促销

图 6-31　折扣促销

折扣促销主要采取以下两种方式。

### 1. 不定期折扣

在重要的节日，如春节、国庆节、中秋节等，进行打折优惠，因为在节日期间人们往往更具有购买潜力和购买冲动。店主应选择价格调整空间较大的商品参加活动，并不是全盘打折。这种方式的优点是符合节日需求，会吸引更多的人前来购买。虽然打折后可能会造成利润下降，但销售量会提高，总的销售收入不会减少，同时还增加了店内的人气，拥有了更多的买家，对以后的销售也会起到带动作用。

### 2. 变相折扣

如采取"捆绑式"销售，以礼盒方式在节假日销售。这种方式的优点是符合节日气氛，更加人性化。

折扣促销主要有以下优点。

（1）效果明显。价格往往是买家选购商品时的主要决定因素之一，特别是对于那些品牌知名度高的商品。因此，折扣是一种对买家冲击大、也有效的促销方法。由于折扣的促销效果明显，卖家通过促销可以处理到期商品、减少库存量、加速资金回笼、配合卖家促销等。

（2）活动易操作。店主可以根据不同时间，在允许的促销预算范围内，设置不同的折扣率。这种促销方法的工作量少，成本和风险也容易控制。

（3）简单而有效的竞争手段。为了对冲竞争品牌商品的销售增长，对冲竞争者新商品的上市或新政策的出台等，可及时采用折价方式刺激买家购买本商品，减少买家对竞争商品的兴趣，并通过促进买家大量购买或者提前购买，来抢占市场份额，打击竞争者。

（4）有利于培养和留住老买家。直接折扣促销活动能够产生一定的广告效应，塑造质优价低的商品形象，吸引已经使用过本商品的买家重复购买，形成稳定的现有消费群体。

## 6.4.4 包邮促销

包邮已成为淘宝上最火爆的促销方式之一，由于快递费用带来的购买价格的提高，买家对可以免除邮资购物非常开心，因此包邮在很大程度上刺激了买家的购物神经，但包邮也有它的灵活之处，只有灵活运用包邮促销，才能发挥最佳的效果。

包邮促销

包邮促销大致可分为普通包邮、满额包邮、少付费包邮、组合包邮、限制包邮。在这些包邮中应注意哪些问题，才能既让包邮活动达到最好的效果，又能保持较高的利润？

### 1. 普通包邮

普通包邮即使用性价比高的民营快递，对全店商品普遍使用包邮。但是要注意快递公司的质量和服务，如派送时效，不能只顾邮费低而忽视了质量和服务，引起过多的中差评。图 6-32 所示为普通包邮促销。

### 2. 少付费包邮

就是加几块钱就可以包邮，如加 3 块钱或 5 块钱包邮。适合那些单价不高，又不适合包邮的单品。

图 6-32　普通包邮促销

### 3. 单品包邮

单品包邮策略适合新开店的中小卖家，初期对提高网店购物数量非常明显。当店铺发展成大卖家时，新客户的数量会减少，老客户的购物数量会增加，为了满足新、老客户的需求，可采用组合包邮。

### 4. 限制包邮

限制包邮对包邮条件做一定的限制，第一件包邮，第二件或者更多的订单需要另外付费。这种商品比较适合母婴商品、尿布湿等，因为这种商品比较重，要考虑到成本。

### 5. 满额包邮

满额包邮是指购买商品达到指定数量或者规定金额才可以享受的包邮。这时要确定好满多少元包邮、满几件包邮，还要做好网店内部的关联销售。图 6-33 所示为满额包邮促销。

图 6-33　满额包邮促销

### 案例分析

**卖家乡特产 10 个月成皇冠**

耿乐 2010 年高中毕业后，被搞传销的人骗到广西后，几天后离开了广西。后来进了工厂，最开始没有技术和学历，在一家工厂的流水线上工作，每天超负荷的工作和散发着有害气体的胶水让人头昏脑涨的，他坚持了半年后，拿着几千元工资离开了工厂，希望能再找一份好工作，可是连续两个星期都没有找到工作。

耿乐老家的特产非常有名，特别是野生莲子更是优中之优！在朋友的建议下，他回家乡开起了淘宝店，专卖家乡的特产。

开店之初，莲子是自己家的，虽然货源不成问题，但网店装修、做图、发布商品这些事情他从没有做过，做出的网店既不美观，也无创意。虽然商品的质量是没有任何问题的，但一连过了好几天，他一个宝贝都没有卖出去。

于是，耿乐开始上淘宝大学，潜心研究网店推广促销的学问和技巧，把淘宝网店又重新装修了一新，把传统的"宝贝展示型"网店换成"风景故事展示型"网店，将家乡的山清水秀、草绿、天蓝、旷野等景色展现给买家，让买家身临其境地体验原生态环境，最终感到网店卖的是绿色原生态的商品。同时，耿乐还参加了聚划算活动、淘金币活动、淘抢购活动、行业营销活动、淘宝买家秀活动，功夫不负有心人，耿乐终于迎来了他的第一个客户，第一单虽然没有赚到钱，但耿乐非常高兴，因为第一单给了他希望，就如在黑夜中的启明星一样，让他看到了方向。

虽然也开始有一些订单了，但网店的浏览量仍很少，生意也很冷清，有时候好几天才有一个订单。在没有订单的时候，他经常逛淘宝论坛，发现淘宝论坛人气很旺，很多人说在淘宝发帖是最好的推广方法。他也尝试着发了一些帖子，开始效果不是很明显。一次偶然的机会，一篇帖子被论坛管理员加精并且置顶了！网店流量一天突然多了100多个IP，连续好几天都有几个订单，耿乐发现在论坛发帖真的很有效果！尝到甜头的他发帖更有劲了，在淘宝论坛上又发了不少帖，网店信用也由几颗心升为一钻、两钻、三钻，不久网店荣升皇冠。

根据以上材料，分析如下问题。

1. 淘宝开店怎样选择好土特产？

2. 怎样做好网店的促销活动？

3. 怎样在淘宝论坛发帖推广网店？

📕 课后习题

## 一、填空题

1. 淘宝活动有很多种，参与要求各不相同。卖家若想成功报名淘宝活动，首先要透彻地了解＿＿＿＿＿＿＿＿＿＿＿＿＿＿＿＿＿。

2. 淘宝活动的报名规则主要包括两部分：一是＿＿＿＿＿＿＿＿＿＿＿＿；二是＿＿＿＿＿＿＿＿＿＿＿＿。

3. ＿＿＿＿＿＿＿＿是为淘宝卖家量身打造的免费网店营销工具，卖家可以通过淘金币账户赚金币，给买家发淘金币，打造网店专属的自运营体系，提高买家黏性与成交转化率。

## 二、思考题

1. 促销活动到底能给网店带来哪些好处呢？
2. 促销的最佳时机有哪些？
3. 报名聚划算的步骤是怎样的？
4. 报名淘金币促销活动的具体操作步骤是怎样的？

技能实训

**实训一**：淘宝营销活动报名

了解了淘宝营销活动的报名规则后，就可以开始报名了，通过不同的入口报名淘宝营销活动。

**实训二**：不同类别的促销活动的报名

1. 报名聚划算活动。
2. 参加淘金币活动。
3. 参加行业营销活动。

# 第7章 直通车推广

直通车是网店推广的得力助手，具有广告位极佳、针对性强和按效果付费等优势。直通车的核心作用是提高流量、吸引新买家，通过超高点击量提高网店的综合评分来增加自然搜索量。本章主要讲述直通车推广的相关内容，包括直通车概述、开通直通车推广、直通车推广的实施、直通车关键词的选择等。

# 7.1 直通车概述

淘宝直通车推广利用点击让买家进入网店，产生一次甚至多次的网店内跳转流量。这种以点带面的关联效应，可以降低整体推广的成本并提高网店的关联营销效果。

## 7.1.1 直通车的定义

直通车是一款付费推广工具，是一种搜索竞价排名模式，投放在淘宝（天猫）等站内及站外平台，以获得卖家需求的流量。直通车推广在给商品带来曝光量的同时，精准的搜索匹配也给宝贝带来了精准的潜在买家。

直通车推广用一个点击让买家进入网店，可以降低网店整体推广的成本，提高整个网店的关联营销效果。同时，直通车还给用户提供了淘宝首页热卖单品活动、各个频道的热卖单品活动以及各类直通车用户专享活动。

淘宝直通车的推广原理如下。

（1）如果想推广某一个商品，首先要为该商品设置相应的关键词及标题。

（2）当买家在淘宝网通过输入关键词搜索宝贝或按照商品分类进行搜索时，就会展现卖家推广中的商品。

（3）如果买家通过关键词或商品分类搜索后，在直通车推广位点击卖家的商品，系统就会根据卖家设置的关键词或类目的出价来扣费。

## 7.1.2 直通车的扣费原理

直通车推广能给网店带来巨大的流量，那么直通车的扣费原理是怎样的呢？

（1）当买家搜索卖家设置的关键词时，卖家的商品就会出现在直通车的展示位上，只有当买家点击商品时才收费，不点击商品则不收费。

（2）卖家为关键词设置的价格，是卖家愿意为该关键词带来一个点击量付出的最高价格，当商品被点击时，扣费将小于或者等于卖家的出价。

（3）直通车没有任何服务费，第一次开户需要预存一定金额，目前最低需要充值 200元，这全部是广告费，当开始做广告后，买家点击产生的费用就从这里面扣除。

（4）直通车扣费公式是"实际扣费=下一名出价×下一名质量得分/卖家的质量得分+0.01元"。我们所看到的质量得分（1～10分），实际上是经过相对化比较并四舍五入后的结果。

（5）卖家关键词的排名有高低之分。同一个关键词，出价高的排在上面，依次类推，类似于百度的竞价推广，因此，新手需要学习关键词设置技巧以及成本控制方法。

---

### 📖 小提醒

可能有的卖家会问，如果有其他人进行恶意点击，我不是花了冤枉钱吗？

淘宝直通车有强大的防恶意点击系统，可以保证每个点击都是真实有效的。为了淘宝直通车能更加长远地发展，为了让用户感受到淘宝直通车是真正有效的，淘宝绝不会放过任何一个恶意点击和损害用户利益的行为。

---

### 7.1.3 直通车广告的展示位置

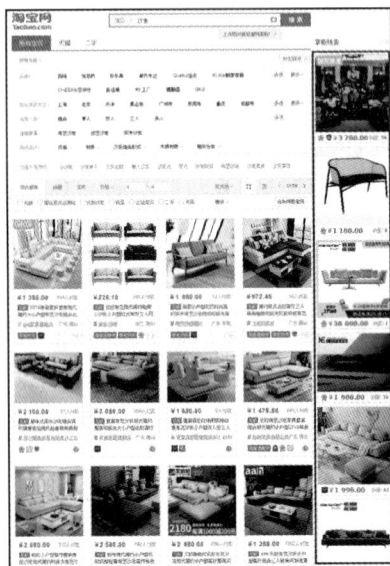

直通车竞价结果可以在淘宝网以全新的"图片+文字"的形式展示出来。每件商品可以设置 200 个关键字，卖家可针对每个竞价词自由定价。直通车商品一般展现在以下的位置。

直通车广告的
展示位置

（1）当买家在淘宝网中输入关键词搜索商品时，就会在搜索结果页面右侧"掌柜热卖"一栏看到直通车推荐的商品展示广告。右侧展示位如图7-1 所示。

图 7-1　右侧展示位

（2）在搜索结果页面的下端也会出现 5 个直通车商品广告位。搜索结果页面下方的展示位如图 7-2 所示。

图 7-2　搜索结果页面下方的展示位

（3）利用商品类目搜索。如果买家不使用关键词搜索，而是直接进入淘宝分类频道页面，那么在打开的商品页面中，右侧"掌柜热卖"的位置也是直通车的广告位。右侧"掌柜热卖"的广告位如图 7-3 所示。

图 7-3　右侧"掌柜热卖"的广告位

（4）天猫直通车的展示位置在搜索结果页面下方的推广位置，显示为"掌柜热卖"，只要是天猫客户，且已加入直通车，就有可能在该位置展现。天猫搜索结果页面下方的直通车展示位如图 7-4 所示。

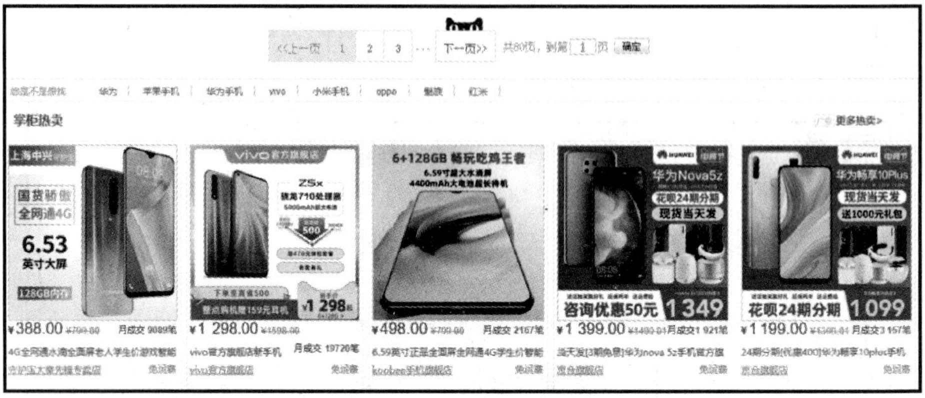

图 7-4　天猫搜索结果页面下方的直通车展示位

### 7.1.4　直通车的优势

直通车可以把潜在的买家带到网店中，给网店带来了流量，直通车具体有以下优势。

（1）节省成本。免费展示，买家点击才付费，卖家可以自由设置日消费限额、投放时间、投放地域，有效控制推广成本。如图 7-5 所示，卖家可以精准地设置投放地域，有效控制成本。

图 7-5　精准地设置投放地域

（2）精准推荐。被直通车推广的商品，只要买家主动搜索就能看到，其放在最优位置上展示，只给想买的人看。

（3）能给整个网店带来人气，虽然推广的是单个商品，但很多买家都会进入网店里去看。一个点击带来的可能是几个商品的成交，这是直通车推广的最大优势。

（4）卖家可以参加更多的淘宝促销活动，有机会参加不定期的直通车用户专享促销活动。

（5）卖家可以免费参加直通车培训，并且有优秀的直通车小二指点优化推广方案，迅速掌握直通车推广技巧。图 7-6 所示为卖家可以免费参加直通车培训报名。

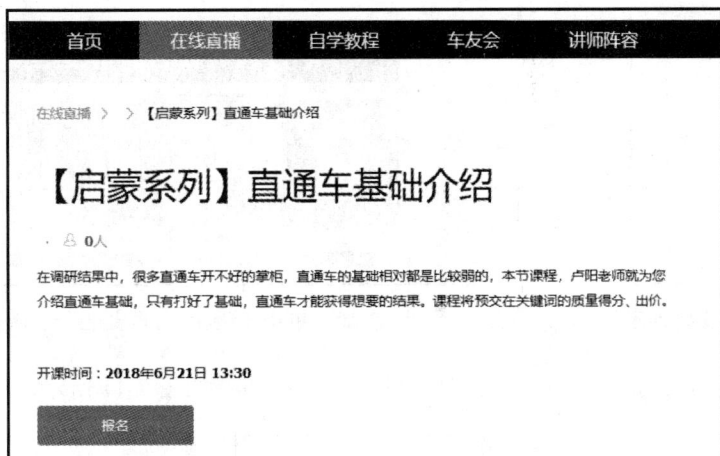

图 7-6　卖家可以免费参加直通车培训报名

（6）直通车可以提供给卖家多个渠道引流，如淘宝站内、淘宝站外。多渠道引流如图 7-7 所示。选择"网站列表"，显示更多淘宝站外网站，如图 7-8 所示。

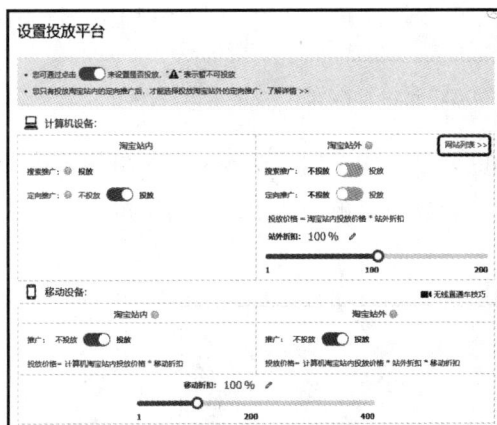

图 7-7　多渠道引流

图 7-8　显示更多淘宝站外网站

# 7.2　开通直通车推广

直通车能给淘宝网店带来人气，一个点击可能会带来几次成交，那么，怎样开通直通车呢？加入直通车推广的具体操作步骤如下。

开通直通车推广

（1）登录淘宝后台，单击"营销中心"下面的"我要推广"，如图 7-9 所示。进入淘宝营销中心页面，单击"淘宝/天猫直通车"图标，如图 7-10 所示。

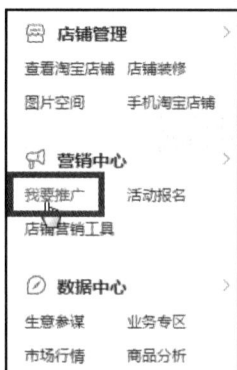

图 7-9　单击"我要推广"

图 7-10　单击"淘宝/天猫直通车"图标

（2）进入淘宝直通车首页，单击"立即充值"按钮，如图 7-11 所示。

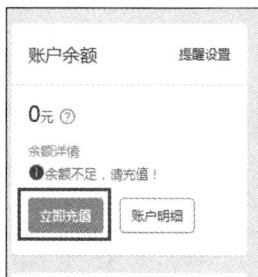

图 7-11　单击"立即充值"按钮

（3）淘宝直通车第一次开户需要预存 500 元以上的费用，这 500 元都将用于接下来的推广。打开淘宝直通车充值页面，选择好充值金额后，单击"立即充值"按钮，如图 7-12 所示。

图 7-12　单击"立即充值"按钮

# 7.3　直通车推广的实施

直通车是淘宝（天猫）卖家重要的吸引流量的工具之一，因此很多卖家把直通车作为自己网店营销策略的主战场。下面讲述直通车推广的实施，主要包括新建商品推广和设置推广计划。

## 7.3.1　新建商品推广

商品推广是淘宝（天猫）直通车的最基础的推广方式之一。在使用商品推广时，卖家除了可以获得精准的搜索流量之外，还可通过对不同人群加价以及对不同展现位置竞价来获取更丰富的定向流量。新建商品推广的具体操作步骤如下。

（1）进入淘宝直通车后台，单击顶部的"推广"选项，如图7-13所示。

图7-13　单击"推广"选项

（2）进入"全部计划"页面，选择其中的一个计划，如图7-14所示。

图7-14　"全部计划"页面

（3）单击进入设置页面，单击"新建宝贝推广"按钮，如图7-15所示。

图 7-15　单击"新建宝贝推广"按钮

（4）进入"推广设置"页面，在单元设置页面中选择"添加宝贝"按钮，如图 7-16 所示。

图 7-16　"推广设置"页面

（5）进入商品选择页面，选择要添加的商品，选择商品后，单击"确定"按钮，如图 7-17 所示。

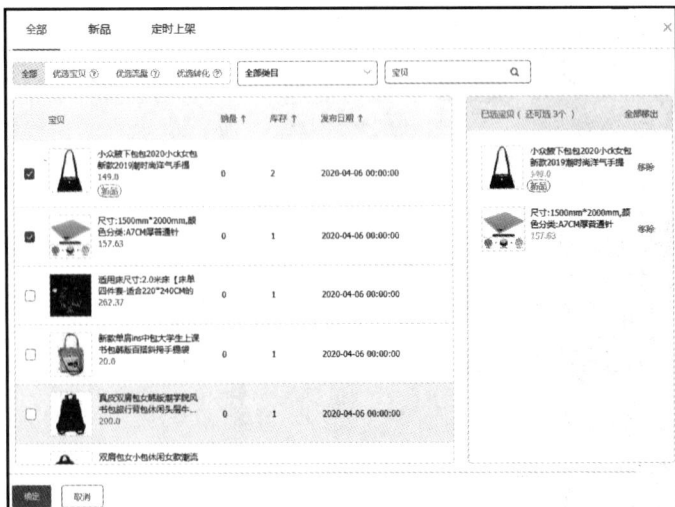

图 7-17　选择要添加的商品

（6）进入"创意设置"页面，如图 7-18 所示。

图 7-18 "创意设置"页面

（7）进入推广方案设置页面，在这里可以选择系统推荐的关键词，如图 7-19 所示。

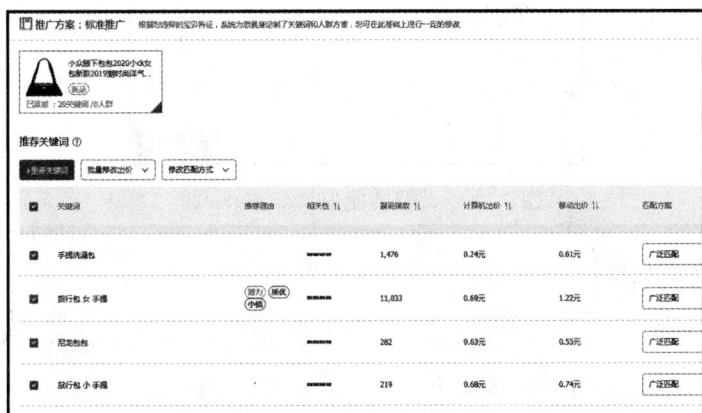

图 7-19 推广方案设置

（8）图 7-20 所示为"添加访客人群"页面，设置完成后，单击"确认添加"。还可以设置智能出价和推荐人群，设置完成后，单击"完成推广"，如图 7-21 所示。

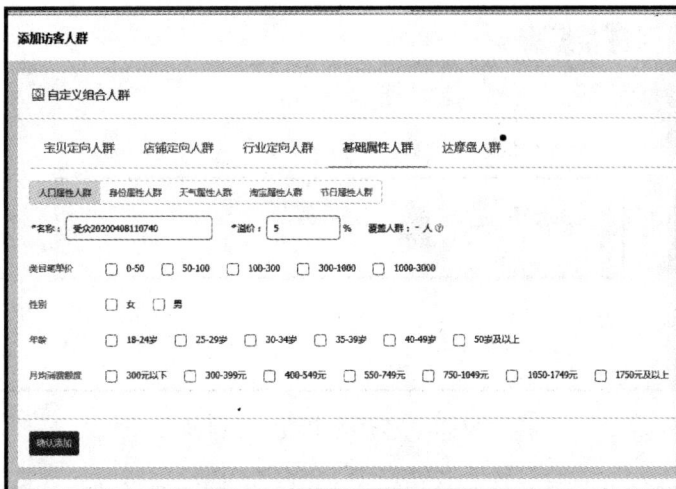

图 7-20 添加访客人群

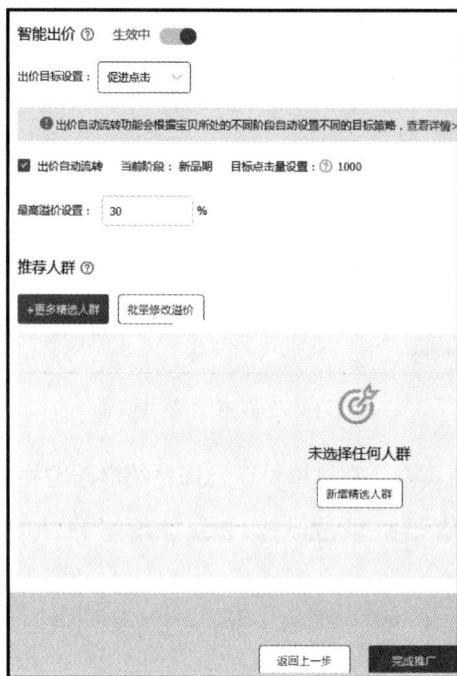

图 7-21　设置智能出价和推荐人群

## 7.3.2　设置推广计划

在淘宝直通车后台，卖家可以根据自己的需求和目标来设置自己的淘宝直通车推广计划。设置推广计划的具体操作步骤如下。

（1）进入淘宝直通车后台推广计划页面，选择其中的一个商品，如图 7-22 所示。

图 7-22　选择其中的一个商品

（2）进入关键词设置页面，在这里可以设置关键词，选择"添加关键词"按钮，如图 7-23 所示。

图 7-23　选择"添加关键词"按钮

（3）进入添加关键词页面，在这里可以选择一些新的关键词添加，如图 7-24 所示。

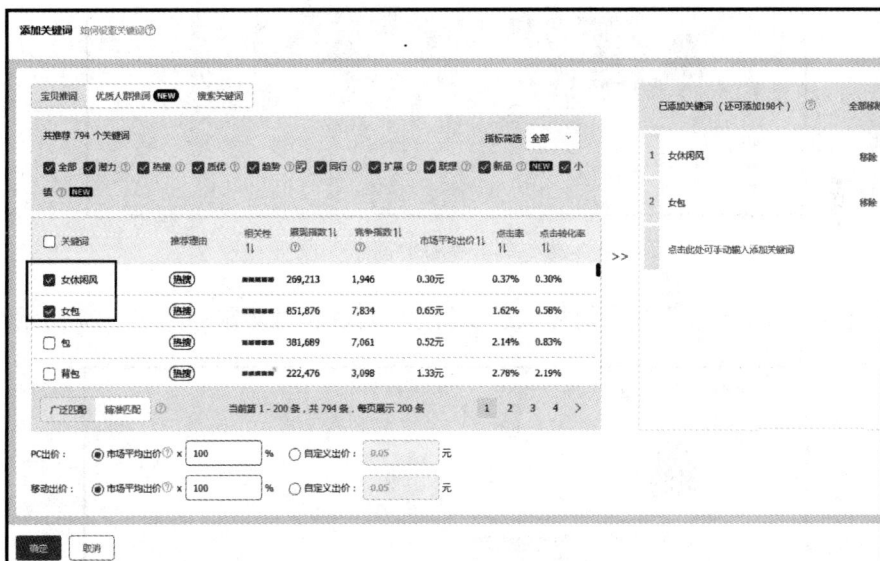

图 7-24　添加关键词页面

（4）关键词添加完成后，单击"精选人群"，进入"精选人群"页面，如图 7-25 所示。精选人群的作用就是把商品的推广效果展示到特定的买家人群，从而提高商品的转化和用户黏性。

（5）单击"创意"，进入创意设置页面，单击"添加创意"按钮，如图 7-26 所示。

图 7-25　精选人群

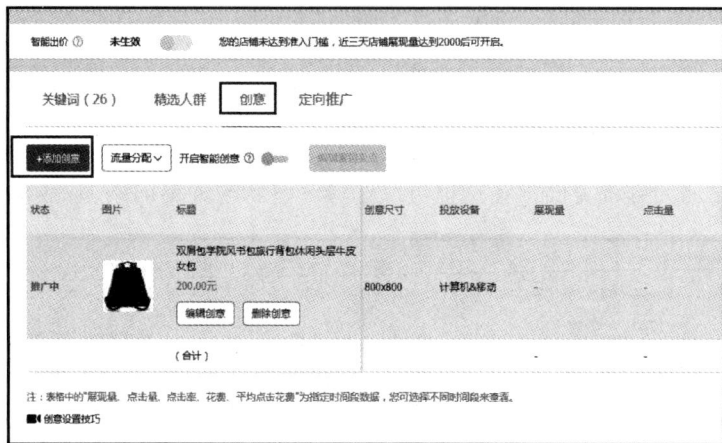

图 7-26　单击"添加创意"按钮

（6）进入"添加创意"页面，可以选择创意图片和创意标题，如图 7-27 所示。

图 7-27　选择创意图片和创意标题

（7）选择"定向推广"按钮，进入定向推广设置页面，如图 7-28 所示。与常规的关键词推广有所不同，定向推广可以针对投放人群和投放位置进行精准的推广，带来的流量更精准。

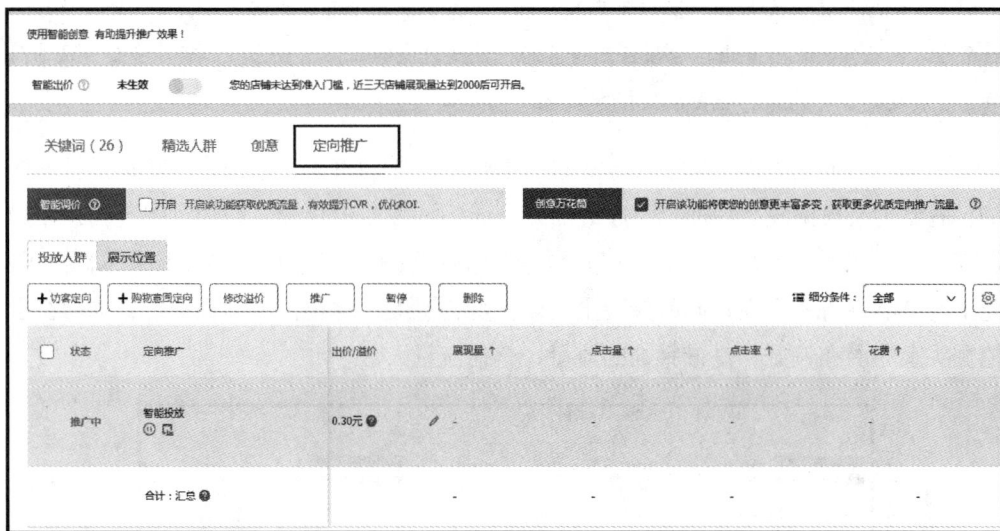

图 7-28　定向推广设置页面

（8）单击"访客定向"按钮，进入访客定向页面，如图 7-29 所示。访客定向主要有两种：喜欢我店铺的访客与喜欢同类店铺的访客，这类访客由于近期展示过对该商品的需求，所以往往转化率会较高。

图 7-29　访客定向页面

定向推广的展现原理是什么？

其展现原理主要是根据一些意向买家的浏览习惯、搜索习惯以及购买的商品，还有前期做的精准人群投放，然后直通车自动匹配一些相关性比较高的商品，根据出价来对符合需求的商品进行展现，尽可能地符合买家的搜索需求。

（9）单击"购物意图定向"按钮，进入购物意图定向页面，系统自动默认提供一些关键词，需要卖家根据商品特征，勾选组合关键词，如图 7-30 所示。购物意图定向的作用是根据商品的标题属性提炼出和商品相关的一些标签，系统会将之和买家身上的标签相匹配，匹配上的商品就有机会在定向的展位上展现。购物意图定向类似关键词推广，优势在于可以挖掘买家的潜在偏好，是最精准的流量，整体流量大。

图 7-30 购物意图定向页面

# 7.4 直通车关键词的选择

在直通车中，关键词可以说是重中之重。要想知道直通车的关键词怎么合理定价，怎样提高关键词的质量得分，还要做好直通车关键词的优化。

## 7.4.1 为关键词合理定价

很多卖家都不知道关键词到底该如何出价。下面介绍如何为商品定价确保收益最大化以及根据该定价下的流量价值合理调整出价。

### 1. 根据流量价值调整出价

首先介绍两个重要概念：转化率和流量价值。

转化率是指在一个统计周期内，完成购买行为的成交量占总点击量的比率。其计算公式为：

$$转化率=成交量/点击量$$

流量价值就是每个流量产生的价值。其计算公式为：

$$流量价值=利润转化率=商品利润/成交需要的点击量$$

例如，你的一件商品的利润是 20 元，每带来一笔成交需要 50 个点击，那么利润转化率就是 0.4，每个点击平均带来 0.4 元的利润，这 0.4 元就是该商品的流量价值。也就是说这个商品设置的关键词价格只要小于 0.4 元，那么流量越多，你赚的利润就越多。

点击转化率随着排名的上升而提高，但是排名之间转化率的提高幅度不同，转化率提高幅度就是你的流量价值的提高幅度。

### 2. 合理定价

上面讲到流量价值决定了出价，商品的定价又在很大程度上决定了流量价值。下面介绍一种方法帮你合理定价，达到收益最大化。

$$总收益=单笔利润×成交量$$

大家都知道，在成本已知的情况下，商品定价越高，单笔利润越高，而每个定价又有相对应的成交量。所以在定价范围内可以找到一个定价，使"总收益=（定价-成本）×成交量"这个值是最高的，也就是说，在这个定价上，卖家的收益是最高的。

例如，商品的成本是 100 元，该商品定价为 120 元、150 元、180 元时的平均成交量分别为 240、160、80，那么 3 种定价的总收益分别为 20×240=4 800（元）、50×160=8 000（元）、80×80=6 400（元），所以该商品在定价为 150 元时，总收益是最大的。

## 7.4.2　提高关键词的质量得分

淘宝直通车中有一个影响直通车费用的关键因素就是"质量得分"。"质量得分"是关键词的搜索匹配相关度的综合指数，当买家搜索关键词时，匹配相关度越高的商品质量得分越高，反之则越低。只要商品相关信息质量得分足够高，就可以用相对更少的推广费用把更优质的商品信息展现在更适当的展示位置上，使买卖双方获得双赢。

"质量得分"与关键词相关性、类目相关性、属性相关性、关键词出价等因素密切相关，相关性越好，质量得分就越高。

（1）商品类目：推广商品上传在正确的类目下面，质量得分就高。

（2）商品属性：商品属性越全面、越准确，质量得分就越高。

（3）推广标题：如果推广标题里面包含推广关键词，则该关键词的质量得分就高。

（4）关键词出价高低会间接影响质量得分的高低。

（5）推广商品图片清晰度越高，突出性越好，质量得分就越高。

（6）关键词竞争越少，质量得分就越高。

# 7.5 直通车数据分析

直通车里的数据项非常多，不同的数据项之间也有关联，在操作过程中需要抓住几项重点数据进行分析和解读。根据这几项数据来改变自己的直通车推广策略，会使网店成功概率大大提高。

## 1. 展现量

展现量是指推广商品在直通车展示位上出现的次数，即买家在直通车里看到商品的次数。展现量的高低直接影响着商品被点击的可能，有展现量才会有点击量。展现量越高，带来的流量就越多，商品成交就越多。关键词投放的个数和关键词的全网搜索热度这两个因素会影响展现量，关键词投放越多、热搜指数越高，那么展现量肯定会越高。

## 2. 点击量

点击量是一个关键词的点击次数，点击量代表流量获取情况。投放直通车广告的一个主要目的就是获取销售额和订单。商品被更多的人点击和浏览之后，才会获得更多的销售机会，从而获得更高的销售额和订单数。

## 3. 点击率

点击率是点击量与展现量的比值，即"点击率=点击量/展现量"。在一定展现量的基础上，点击量越多，点击率也会越高。图 7-31 所示为关键词的点击率。

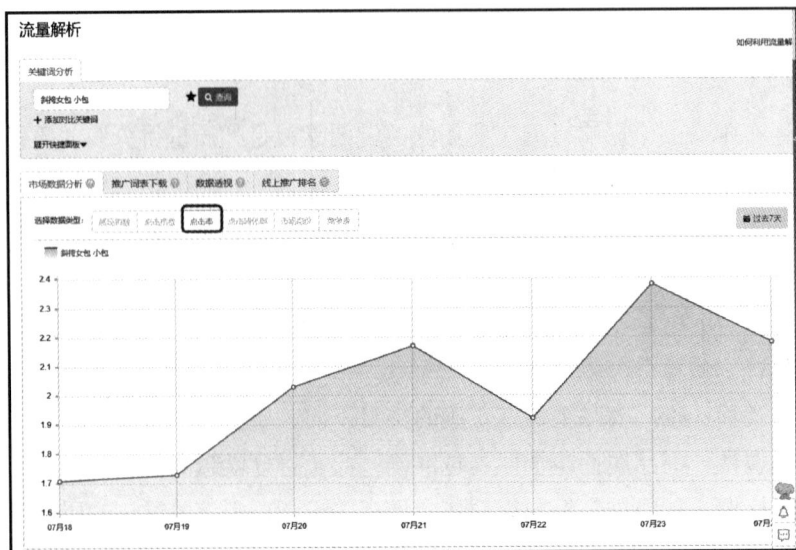

图 7-31 关键词的点击率

点击率代表商品的流量获取能力。一般来说，广告素材的质量越高，商品的吸引力越强，点击率就越高，流量获取能力也就越强。

要想提高点击率可以从以下几个方面入手。

（1）推广图。创意的好坏会影响点击率，卖家可以依靠文案与色彩的合理搭配，提高推广图的吸引力；可以使用多张推广图测试，保留点击率最好的那幅图片。图 7-32 所示为非常美观的直通车推广图。

图 7-32　非常美观的直通车推广图

（2）无线出价。依据直通车报表查看关键词在无线端的数据状况，对无线端进行调整。无线出价可以单独设置一个高出价。在"添加关键词"页面中，可以批量修改无线端出价。图 7-33 所示为调整无线端出价。

图 7-33　调整无线端出价

建议无线端直通车出价应比电脑端直通车出价的高一些，将基础出价设置为市场平均出价的110%左右。商品的精准长尾词的出价可以设置为市场平均出价的140%。

（3）按照点击率高低排序，把展现量过高而点击率很低的关键词删除，把点击率不错但展现量较低的关键词适当提高出价，通过删除、拉低点击率的关键词来提高点击率。

（4）将关键词匹配方式调整为精准匹配，展现在更精准目标群体面前，提高点击率。

### 4. 转化率

转化率也叫"点击转化率"，是成交笔数与点击量之比，即"转化率=成交笔数/点击量"，其是网店最终能否盈利的核心。提高点击转化率是网店综合运营实力的结果。图7-34所示是流量解析页面中"斜挎女包小包"关键词的点击转化率分析图。

一个直通车推广计划里一定要有几个转化率高的关键词，这几个关键词是卖家需要重点推广的，要有足够的点击率。这些转化率高的关键词也可以添加到商品标题中，提高商品的自然流量。转化率提高了，整个直通车推广计划的反馈也会越来越好，网店才会进入盈利的良性循环。

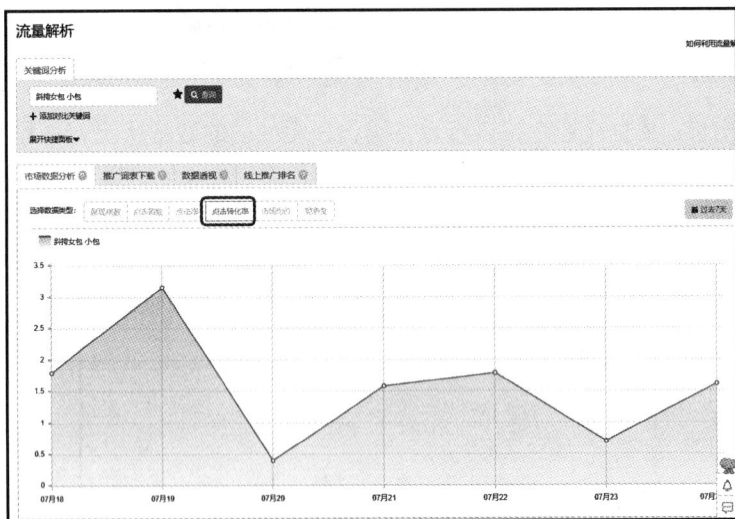

图7-34 流量解析页面中"斜挎女包小包"关键词的点击转化率分析图

### 5. 日限额

日限额是直通车账户为卖家设置的每天最高限额。日限额可以控制推广成本，卖家可以根据预算水平，在后台进行日限额的设置调整。如果当日花费没有达到日限额，系统会根据实际花费进行结算。当总花费达到日限额时，所有进行推广的商品都会下线。在日限额之内的，卖家可以适当加大一些投入。直通车推广计划的权重跟卖家推广的花费和时间的长短有关，即日限额设置得越高，权重会上升得越快。图7-35所示是卖家设置日限额的页面。

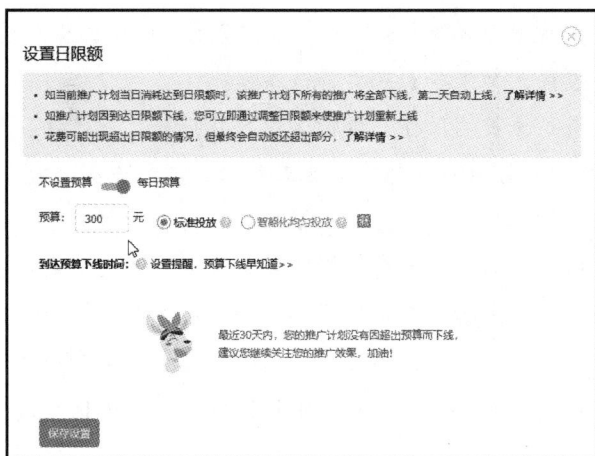

图 7-35 卖家设置日限额的页面

### 6. 平均点击单价=花费/点击量

平均点击单价代表获取每个流量所支付的成本。每个流量支付的成本越低，可以获取的流量就越多。这个数据很重要，降低平均点击单价是推广活动的重要目标之一。

### 7. 客单价

前文提过，提高淘宝客单价的营销工具有"满就送"、搭配套餐、优惠券等，开通这些工具即可使用。

### 8. 投入产出比

投入产出比代表投入广告预算后可以获取的销售额产出比例。投入产出比越高，投入同样的广告预算后获取的销售额就越高。投入产出比是直通车用户最为关心的核心数据之一，因为推广本身是为了赚钱，而投入产出比就是一个衡量渠道是否已经在赚钱的数据。

## 案例分析

### 辞去年薪 10 万元工作　网上开水果店

现在网上开店成本越来越高，而且收入不固定。对于有固定工作，还是高薪的白领来说，辞去高薪工作，转做网店，还卖保鲜期极短的水果，这几乎是疯了！然而，马军却辞去高薪工作在淘宝上开起了网店卖水果。同时，他又开了一家零售水果的实体店。经过一年多的努力，通过网店和实体店的有机结合，马军的水果生意竟做得风生水起。

马军原先在一家水泥厂做销售，收入颇丰。马军辞职时，家人一度担心他是一时兴起。在他辞职后，有人以年薪 20 万元的待遇邀请他去做管理人员，想自己创业的马军还是婉言谢绝了。经过调查，马军发现当地市场上的水果价格比一些大城市要便宜。与此同时，他看到淘宝上很多网店生意很好，他也试着开了一家网店把水果放上去卖。

刚开始，因网店没有信誉，生意并不好做。于是，他在淘宝做了直通车推广。同时，尽量把进店浏览的买家转化为客户。经过半年多的努力，网店的生意逐渐好起来。马军说，春节时，猕猴桃、云冠橙、苹果等水果卖得很不错。

大家都知道，水果不易长期保存、运输途中容易损坏，对质量、配送速度的要求也高于其他商品。马军说，今年刚开始在网上卖无花果时，差不多发出去 10 件货会有 2 件货到买家收货时已损坏，损坏的只能重新发货，损耗相当大。如何避免运输途中的水果损耗，是网上卖水果碰到的一个大问题。首先，应在包装时多下功夫，像在包装无花果时，他先是给每个无花果都套上泡沫果套，纸箱外面再加一个泡沫箱，这样包装后，损耗降低了不少；其次，对一些发软、易烂水果，都挑八九成熟的发货，这样经过一两天的快递，到买家手中时刚好成熟；最后，在装箱的时候，水果都应一个一个挑过，确保每一个水果的质量是优良的。

不过，夏天天气热，即便有人买，马军也不敢寄，怕路上坏掉。因此，网上卖水果，夏天生意很冷清。不过，现在他每天都要忙到晚上 11 点多，店内负责打包的员工，基本上从早忙到晚，有时候还忙不过来。网店生意好，也要靠投入。马军说，前段时间光直通车推广费用一天就要 300 元。

在网上开店生意渐入佳境后，马军又开了一家水果超市。马军认为，网上水果店和实体店可以有机结合。现在实体店的收入主要维持日常开支，赢利不多，但可为网店提供纸箱和打包人员。而网店的生意比实体店要好，这是他的主要收入来源。马军说，网店的水果价格卖得较高，水果品质要求也高，有些品质次和卖相不太好的水果可以通过实体店处理掉。批发来的水果不可能每一个都是好的，总有一些水果是不太好的，如果只开网店，这样不太好的水果如何处理就会成问题。同时，实体店的员工在兼顾店面生意时，还可以帮网店打包水果。另外，实体店的水果卖完有很多纸箱和泡沫箱，如果按废品卖，一公斤只有几角钱，现在他在网店发货时将这些纸箱和泡沫箱利用起来，降低了网店的经营成本。如果网店所有发货的纸箱都去购买，这笔成本也是比较高的。

根据以上材料，分析如下问题。

1．网上卖水果，与实体店有什么不同？

2．网上开店与实体店如何搭配开店，有什么好处？

## 课后习题

### 一、填空题

1．直通车是一款付费推广工具，是一种_____，投放在淘宝（天猫）等站内及站外平台，以获得卖家需求的流量。

2．当买家搜索卖家设置的关键词，卖家的商品出现在直通车的展示位时，买家_____才收费，_____则不收费。

3．直通车可以提供给卖家多个渠道引流，如_____、_____。

4. _____就是淘宝买家的搜索词，当买家搜索某个关键词时，推广的商品将展现在淘宝直通车的推广位置上。

5. _____是关键词的搜索匹配相关度的综合指数，当买家搜索关键词时，匹配相关度越高的商品质量得分越高，反之则越低。

## 二、思考题

1. 怎样进行直通车关键词优化？
2. 直通车广告的展示位置在哪里？
3. 加入淘宝直通车的具体操作步骤是怎样的？
4. 怎样新建商品推广？

## 技能实训

**实训一**：开通直通车推广

进入直通车后台，上机进行直通车推广的具体操作。

**实训二**：直通车推广的实施

1. 新建商品推广。
2. 设置推广计划。

# 第8章 信息流推广

移动互联网时代下，信息流逐渐成为用户获取信息的主阵地，信息获取社群化、行为碎片化已成为用户典型特征。本章主要讲述利用信息流推广的具体方法，主要包括信息流推广概述、抖音短视频引流、今日头条引流、微信朋友圈引流。

# 8.1 信息流推广概述

下面介绍信息流推广的基础知识、包括什么是信息流推广、分析目标群体需求、设计广告创意图片。

## 8.1.1 什么是信息流推广

信息流推广依据社交群体属性，对用户的喜好和特点进行智能推广，是移动互联网时代信息流商业化的一种形式。相对于传统展示广告，信息流推广使广告在不破坏用户体验的前提下为其提供有价值的信息，降低了用户对广告干扰性的感知，提高了用户信息处理的流畅性。

自 2017 年起，抖音推出原生信息流品牌广告，对外宣布启动商业化后，短视频信息流广告成为众多企业争抢之地。短视频开始融入电商、资讯等细分场景，如淘宝内接入短视频，短视频的强内容属性结合淘宝的强电商属性让淘宝短视频的变现更加简单，从观看短视频到引起消费欲望，最终成交。淘宝短视频信息流广告如图 8-1 所示。

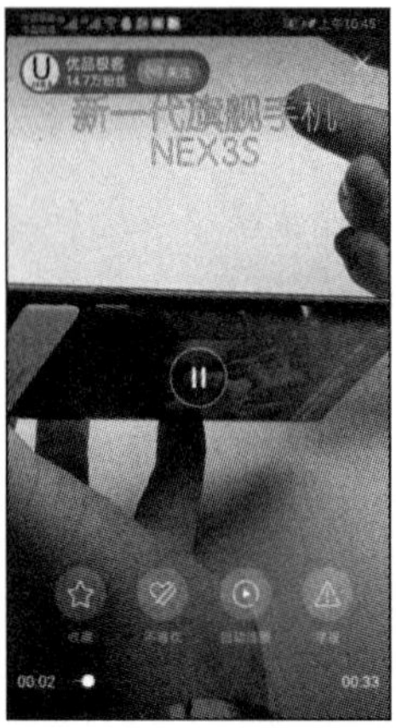

图 8-1　淘宝短视频信息流广告

目前，信息流广告已经覆盖绝大多数网民，信息流广告平台常见的有今日头条系、腾讯系、百度系。

信息流广告在自媒体兴起的时代，受到广泛关注和推崇。信息流广告凭借可靠的展示、更好的点击率和更高的流量变现，目前已经成为各大社交渠道的重要广告方式。

### 8.1.2　分析目标群体需求

现在越来越多的卖家都将目光聚集在信息流广告上，如何才能在众多信息流推广中脱颖而出呢？如何才能吸引更多的客户群体，为自己带来更大利益呢？

信息流广告想要投放到位，分析目标群体需求是关键，信息流推广是基于人群的投放。

在做目标群体分析的时候需要回答以下问题。

我的商品解决的是用户哪方面的痛点？

用户为什么会关注到我的商品？

我的商品在什么场景下应用是最合适的？

用户的人群画像是什么？

用什么样的角色发声是容易让用户接受的？

通过这些问题，企业可站在用户的角度上进行思考、调研，而不是围绕着自己的商品属性来进行宣传。与切身利益相关会刺激用户关注你的商品。

### 8.1.3　设计广告创意图片

广告创意图片是做好信息流广告最重要的一环，转化好的广告创意不仅仅是设计师一个人的责任，而是由运营和设计来共同完成的。

通过数据测试发现，信息流广告最开始吸引用户注意的是图片，而引起用户进行点击的则是文案。所以对于信息流创意图片来说，二者缺一不可。

设计广告创意图片

在挑选素材图片时，我们需要遵循的设计要点如下。

（1）商品主题卖点突出，使访客在看到图片的第一眼就了解到你想要表达什么。

（2）配色美观，高端大气，通常为一种主题色，两种配色。

（3）场景化、生活化，让访客有代入感，使广告更加原生。

（4）图文呼应，表里如一，避免标题党。

文案突出卖点是成功的第一步。每个商品都有自己的特点和侧重点，制作广告的时候首先要站在用户的角度来思考，创意图片要有更能抓住用户眼球的卖点。图 8-2 所示文案的突出卖点是"煎/蒸/煮/涮多能"。

如果把卖点比作一扇门，那么在明确卖点之后，还需要有开启大门的钥匙，才能真正俘获用户的心。例如，优惠刺激，通过免费赠送、免费送货安装文案，让用户迅速了解可以获得的权益，吸引用户点击图片，优惠刺激如图 8-3 所示。

图 8-2　文案的突出卖点

图 8-3　优惠刺激

# 8.2　抖音短视频的引流推广

抖音短视频缩短了品牌广告与用户之间的传播路径，提高了广告点击率。下面将介绍抖音广告的优势、抖音短视频的信息流推广方式、抖音电商、抖音直播卖货、抖音品牌企业宣传等内容。

## 8.2.1　抖音广告的优势

抖音一般是通过软广告植入等巧妙的方式进行品牌合作营销的。目前垂直账号最容易变现，如美妆、测评类账号，基本上这类账号有 10万+的"粉丝"就能有不少广告收入了。

抖音广告与其他广告相比，其优势体现在以下几个方面。

（1）优质的用户资源。抖音用户以"95后""00后"为主，这类用户生活优越，思想独立，接受新鲜事物能力强，广告曝光率高。

抖音广告的优势

（2）个性化营销更吸引人。广告主可以将广告的商品特性与短视频轻松娱乐的内容巧妙结合，将内容等同于广告，通过软性广告的形式向受众传递广告信息，故事性的情节更生动形象，在吸引受众的同时，更易提高受众的接受度。个性化营销更吸引人如图8-4所示。

图 8-4　个性化营销更吸引人

（3）智能社交，用户黏性好。抖音的智能社交特性强化创作者与"粉丝"的关系，构建抖音短视频内容的智能社交生态，有助于提高用户黏性。

（4）互动性强。抖音短视频以音乐为切入点，搭配舞蹈、表演等内容的创意表达形式，为用户创造丰富多样的玩法，进行广告植入，内容带动人气，并在抖音社区与众多用户互动，广告转化率高。互动性强如图8-5所示，发布后24小时内，获赞即超过10万，评论超过4 000条。

（5）名人资源更给力。抖音特有的社交模式吸引更多名人以及明星入驻。

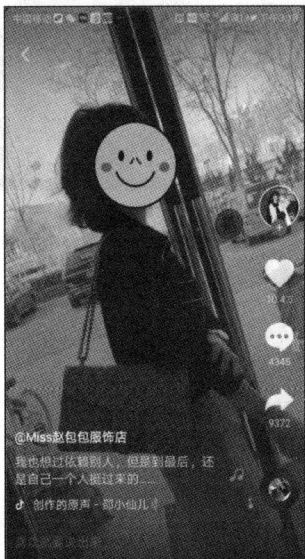

图 8-5　互动性强

## 8.2.2  抖音短视频的信息流推广方式

在抖音等新兴的短视频 App 中，基本上采用的是视频的形式，这一类用户主要是为了娱乐。

目前抖音官方已经开放的推广方式有信息流广告和开屏广告两种形式，卖家可以自行按需选择。

### 1. 信息流广告

抖音信息流广告是在抖音 App "推荐"页面内出现的广告，即用户日常刷得最多的页面。信息流广告也被称为原生广告，是目前效果比较好的一种广告方式，这种广告的最大优点是将广告融入用户所浏览的内容中。在用户下滑观看新视频时，不定期插入视频广告，这些视频大多制作精良并且富有创意，不会对用户使用体验造成干扰。同时，在广告页面底部拥有非常明显的广告标识和操作选项，如"查看详情""立即购买"等。此时，用户如果对该商品有兴趣，就会点击该广告去进一步了解该产品。图 8-6 所示为抖音信息流广告。

图 8-6  抖音信息流广告

### 2. 开屏广告

开屏广告是很常见的营销形式，几乎成为所有 App 的标配。抖音开屏广告即在抖音 App 启动时展现的广告，该广告在抖音 App 启动时展现，广告播放完毕后进入"推荐"页面。开屏广告的优势很明显，就是曝光效果好，只要打开抖音就实现曝光，缺点也很明显，就是价格高，比较适合品牌型的土豪客户，同样也适合追求曝光的客户。

作为移动端的黄金广告位，抖音的开屏广告也在第一时间抢占了用户的注意。图 8-7 所示为伊利牛奶的开屏广告。

图 8-7　伊利牛奶的开屏广告

对于品牌来说，开屏广告是一种有效的广告营销形式，尤其是对于抖音这样的人气平台来说。抖音开屏广告具有以下几个特点。

（1）曝光量巨大。在投放开屏广告时，向全网投放，广告的曝光量是十分巨大的，开屏广告支持按特定条件投放，投放开屏广告的广告主一般投放品牌形象广告、新品上市形象广告等以曝光量、形象展现为主的广告。

（2）视觉效果好。抖音开屏广告以巨幅图片或视频的形式在抖音 App 启动时展现，以相对酷炫的效果在抖音 App 启动时自动展现，给用户的视觉和感官上的冲击都非常大。

（3）广告费用高。由于抖音开屏广告曝光量巨大，广告位置佳，其费用会更高，广告投放费用 100 万元起，相比抖音信息流广告来说，开屏广告的价格要高很多。

（4）可定向投放。抖音开屏广告在投放时是支持定向投放的，目前支持地域、性别等基础定向，广告主可以根据目前客户、目标市场等进行定向投放，使得广告曝光更有效率。

### 8.2.3　抖音电商

用户在抖音上花费的碎片和整块时间可以转化为强大的购买力。用户在观看过程中呈现最放松的状态，在这种无意识的状态下，非常容易接收植入的广告信息。

一般来讲，"粉丝"低于 200 万的抖音账号，可以用来接品牌商广告和电商广告，"粉丝"高于 200 万的抖音账号，垂直类目的可以考虑给达人开店，让他们卖自己的同款商品。

另外，抖音降低开放购物车的标准后，现在很多百万级"粉丝"的抖音号中，短视频底端出现了黄色购物车按钮"晨妍同款露肩 t"，如图 8-8 所示，弹出商品对话框，·如图 8-9所示，单击"去看看"，直接链接到淘宝。

图 8-8　黄色购物车按钮

图 8-9　单击"去看看"

在一些"粉丝"比较多的抖音账号中，也有"TA 的商品橱窗"导航，直接引导用户到商品橱窗购买商品，如图 8-10 和图 8-11 所示。

图 8-10　单击"TA 的商品橱窗"导航

图 8-11　商品橱窗

### 8.2.4　抖音直播卖货

直播已不再是美女主播的专利，各个卖家已经开始充分利用直播平台，聚拢"粉丝"，转化变现。除了可以依靠"粉丝"打赏变现之外，卖家还可以借助自己的一技之长或者是网店信息在直播中卖货。

品牌卖家通过直播向用户推荐商品，相较于通过硬广告、图文推荐来说，这样的购物体验不再是冰冷的货架，或者是单品推荐，而是丰满的内容型商品推荐。直播最大的优势就是可以快速聚粉、沉淀和互动，可将二次营销和售卖同时进行。图 8-12 所示为卖家通过直播推荐商品。

图 8-12　卖家通过直播推荐商品

目前已经有部分抖音主播获得一项特殊权限，那就是可以在直播页面放出电商购物车按钮，单击该按钮可以进入商品列表，"粉丝"可以边看直播边买东西。购物车按钮如图8-13 所示。

图 8-13　购物车按钮

### 8.2.5 抖音品牌企业宣传

在传播形式日益多元化的今天，越来越多的企业发现抖音的营销宣传价值。抖音独特的短视频模式，让许多企业的品牌形象变得立体化，企业借助平台增加传播的互动性、趣味性，从而加深用户对抖音的认知。

品牌企业的销售渠道比较，在抖音做广告的目的主要以宣传为主，作用在于提醒买家复购而非直接成交。所以，这些企业一般是以曝光度、点击率等为主要考核目标，而对销售额不做硬性要求。

小米手机是品牌中较早使用抖音做宣传的，目前小米手机已经在抖音里有了340万的"粉丝"。图8-14所示为小米手机的企业宣传。

图 8-14　小米手机的企业宣传

# 8.3　今日头条的引流推广

今日头条是目前做得非常好、用户群广泛的一个自媒体平台，越来越多的人开始在今日头条平台上推广自己的商品。下面主要介绍今日头条信息流广告创意的素材要求、头条号的推荐机制、如何设置自营广告、如何在今日头条写文章投放广告、如何发布视频分享流量等内容。

网店运营与推广从入门到精通（微课版）

### 8.3.1 今日头条信息流广告创意的素材要求

今日头条是主流的信息流投放媒体之一。下面介绍今日头条高转化的信息流广告创意素材要求。

**1. 点明核心内容，确保用户精准**

策划广告创意之前需要了解推广内容是什么，提炼核心关键词，简明扼要地表达推广信息，降低用户的理解成本。广告创意明确表达核心内容，才能更加精准地吸引用户。

**2. 明确目标受众，有效锁定用户**

明确目标受众画像，针对意向用户群体的不同特点，逐一策划创意内容，通过细分用户、有针对性地投放广告来实现目标用户的最大化锁定。

**3. 发掘用户痛点，吸引用户注意**

信息流广告是广告找人，是寻找潜在用户群体，因此，激发潜在用户需求是吸引用户注意的关键因素。通过发掘用户痛点，将推广内容与用户痛点关联，更能吸引用户注意，如女人爱美、小孩爱玩。

**4. 内容真实统一，提高用户留存**

推广信息真实，创意与落地页内容统一，降低用户从点击到访问的流失，用户留存率越高，越有利于实现高转化。

### 8.3.2 头条号的推荐机制

头条号的推荐机制最基本的规则：首先文章通过审核后，机器人会将文章推送展示，给"粉丝"和相关关键词人群！然后，机器人会通过对用户的阅读速度和文章停留时间进行分析，判断是否扩大文章的推荐范围，当阅读人数较多时，就这样不停地翻滚推荐，直到 24 小时后或者推荐量与阅读量比例低于 10∶1 就会逐渐停止推荐。

头条号的推荐机制

（1）专注一个领域，深耕细作。无论哪个平台，都喜欢专业性强的作者，专注于一个领域，才能更集中自己的优势，显现出自己在这个领域的专长来，才能被读者们喜欢，不能一篇文章发布旅游、一篇文章发布汽车、另外一篇文章又发布了娱乐。图 8-15 所示为专注一个领域。

（2）原创越多，推荐越高。原创功能是为了鼓励更多的优质作者来今日头条创作，其要求所发布的文章或视频都是自己原创的。

（3）内容质量越高推荐越高。优质内容才是根本，这一点也毋庸置疑。别人看过内容，感觉有收获，学习到了技能，了解到了常识，获取了娱乐资讯，得到了身体精神的放松等，如图 8-16 所示。

（4）点击率＋读完率：点击标题并读完文章的人越多，推荐越高。在发布文章的时候，标题非常重要，只有吸引人才能够引起用户点击。但不建议做标题党，内容不好，用户点击完就走，读完率就低了，影响推荐量。

图 8-15　专注一个领域

图 8-16　内容质量高

（5）分类明确：文章兴趣点越明确，推荐就越高。分类就是要把文章主题放到相应的分类中去，如新闻、社会、娱乐、电影等。

（6）互动数、订阅数。读者越活跃，推荐就越多，读者活跃表现在评论、点赞、分享等方面。一篇文章好，当然就会引起用户的互动并分享等。

（7）站外热度：在互联网上关注度越高的话题，推荐越多。所以发布热点话题也会快速获得更大的推荐量。

（8）发文频率。经常发文，保持活跃很重要。平台当然喜欢更活跃的作者了，这样才能够源源不断产生信息。

### 8.3.3　设置自营广告

对于经营今日头条的自媒体人来说，靠流量挣钱的时代已经过去。自营广告如今已经成为自媒体营收的一大来源。那么今日头条如何设置自营广告呢？

首先要登录头条号，在"个人中心"下，选择"我的权益"，单击顶部的菜单栏的"账号权限"，查看自营广告是否开通，没开通的单击"申请"开通，如图 8-17 所示。

图 8-17　申请开通自营广告

（1）在"头条号"下选择"收益分析"，然后单击顶部的菜单栏的"收益设置"，在投放自营广告后单击"设置自营广告"，如图 8-18 所示。

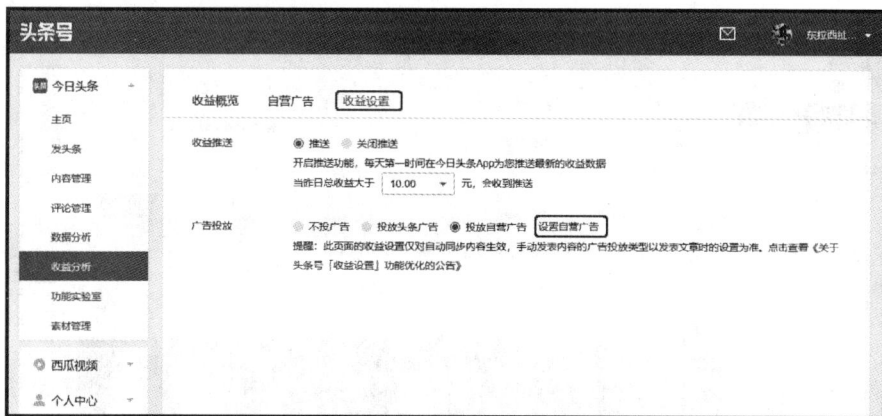

图 8-18　单击"设置自营广告"

（2）进入新增自营广告页面，在此页面中设置类型、标题、预览上传的图片、落地页链接、选择行业、资质证明等。设置自营广告如图8-19所示。

图 8-19　设置自营广告

（3）然后单击"提交"广告等待批准，即可开通自营广告。

## 8.3.4　在今日头条写文章投放广告

每天更新内容，都选择投放头条广告，今日头条就会根据文章的阅读展示量计算出一定标准的作品辛苦费用。

头条广告：这个就是今日头条对于在头条发布文章的自媒体直接分的广告点击提成，只要文章有点击，就会有广告收入，广告收入的多少要根据写的文章的质量决定。

在今日头条写文章具体操作步骤如下。

（1）进入头条号后，先进行登录，然后单击"发头条"，如图8-20所示。

图 8-20　单击"发头条"

（2）进入头条文章编写页面，在这里输入文章标题和正文内容，并设置投放头条广告。头条文章编写页面如图 8-21 所示。

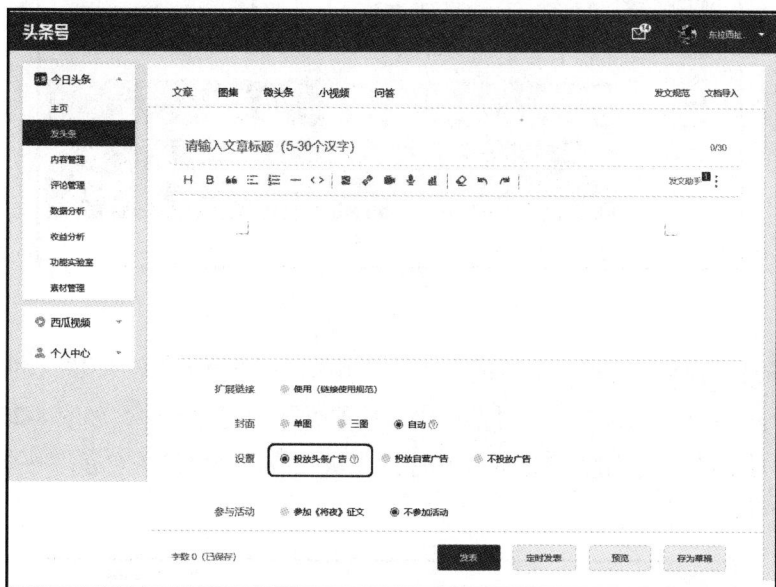

图 8-21　头条文章编写页面

（3）文章发表完成后，在内容管理页面，用户可以看到刚刚发布的文章标题，如图 8-22 所示。

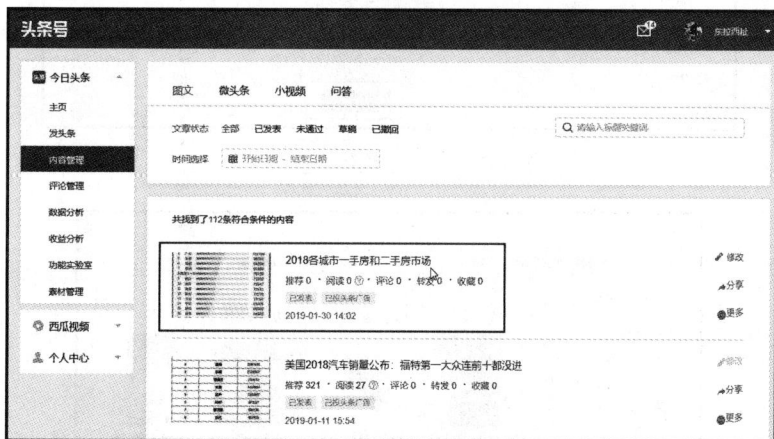

图 8-22　发布的文章标题

## 8.3.5　发布视频分享流量

自媒体时代可以通过上传自己的视频来达到分享流量赚钱的效果。在今日头条发布视频的具体操作步骤如下。

（1）要上传视频必须先要注册一个头条号，注册之后可以进入主页，单击"发头条"，如图 8-23 所示。

图 8-23　单击"发头条"

（2）然后选择顶部的导航"小视频"，在窗口中单击"上传视频"按钮，如图 8-24 所示。

（3）弹出"打开"对话框，在对话框中选择要添加的视频文件，如图 8-25 所示。视频的获取渠道包括截取电视剧、电影的一些片段，从微博、微信等平台获取一些有价值的小视频，自己拍摄小视频等。

图 8-24　单击"上传视频"

图 8-25　选择要添加的视频文件

（4）视频上传成功后，可看到图 8-26 所示的页面。

图 8-26　视频上传成功后

（5）在"收益分析"中可以查看投放的视频收益，如图 8-27 所示。有的人视频浏览量很不错，但是广告收益却一般，原因是其广告引导没有做好，毕竟广告才决定收入。

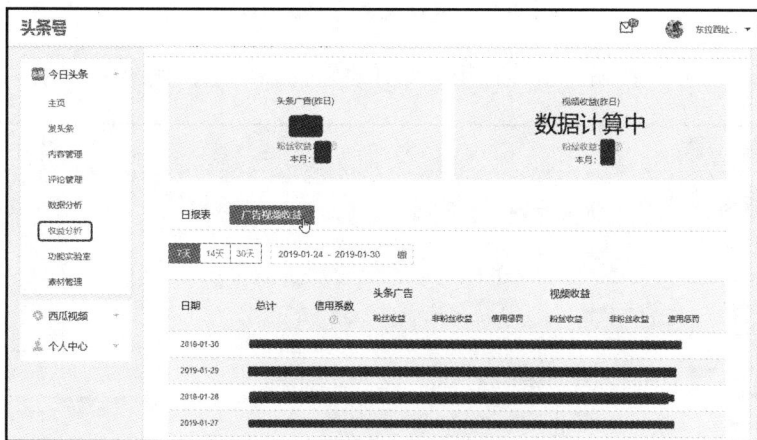

图 8-27　查看投放的视频收益

（6）用户也可以在西瓜视频发布，选择西瓜视频下的"发表视频"，在页面中选择"上传视频"按钮，如图 8-28 所示。

（7）弹出"打开"对话框，在对话框中选择要上传的视频文件，如图 8-29 所示。

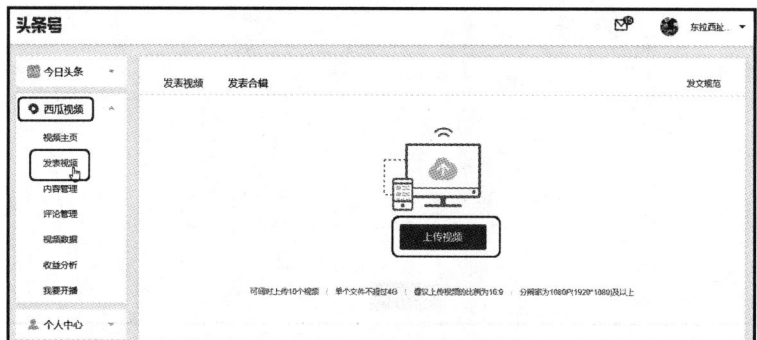

图 8-28　选择"上传视频"按钮

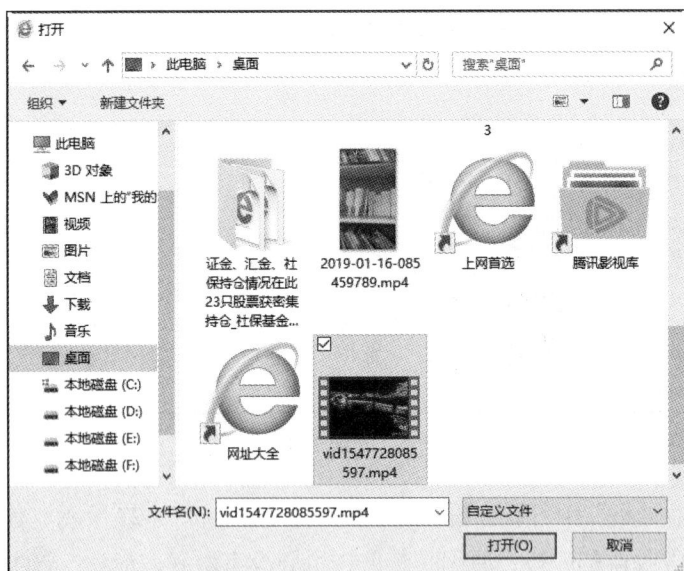

图 8-29　选择要上传的视频文件

（8）选择"打开"按钮，上传视频文件并设置视频信息，如图 8-30 所示。

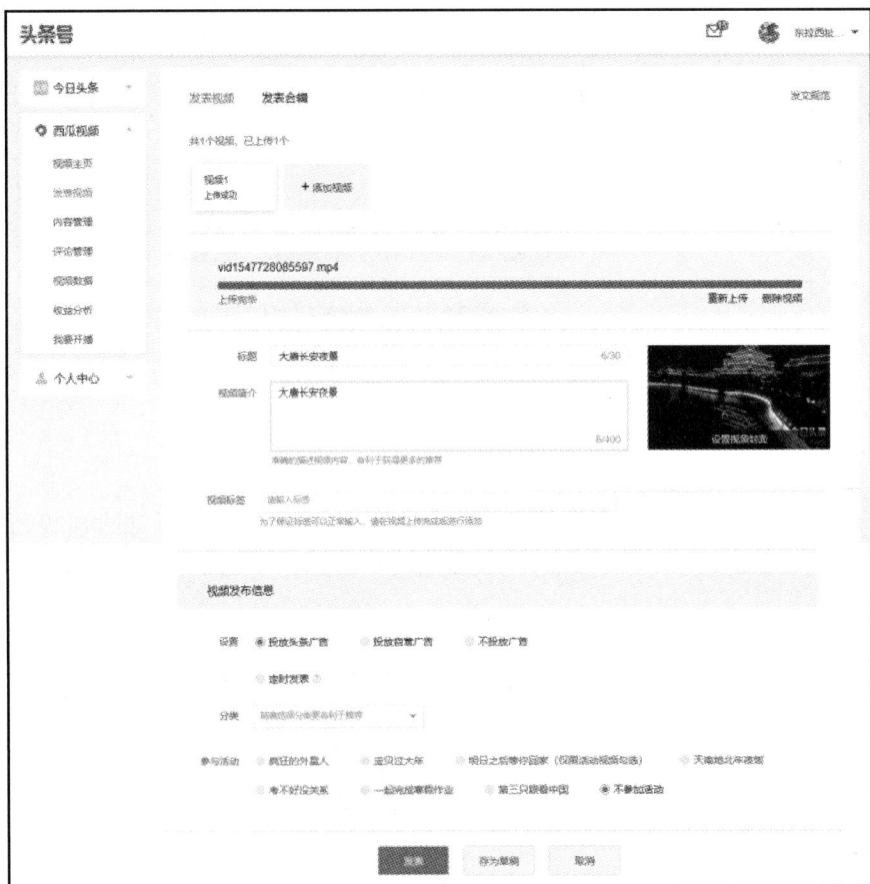

图 8-30　上传视频文件并设置视频信息

# 8.4　微信朋友圈引流推广

现在微信朋友圈商品同质化，加上同一商品竞争的人又多，如果想做得久，用心打造微信朋友圈是必须做的一件事情。

## 8.4.1　微信朋友圈的定位

只有微信朋友圈定位精准，客户群体才会精准，这样转化率才会高。在做微信朋友圈引流之前，一定要好好分析微信朋友圈。

（1）你的微信朋友圈有多少人？有多少是亲朋好友？有多少是纯"粉丝"？

（2）"粉丝"的来源渠道、人员的性别以及购买力如何？

（3）熟人和朋友中有多少人愿意为你转发推广？

（4）亲友当中，什么商品是热销商品？价格定位多少最容易卖出去？

（5）你平时与微信朋友圈互动情况如何？

分析完这些以后，你才可以决定要不要在微信朋友圈卖东西，卖东西选择什么样的商品以及售价。

很多人是因为自己或者是公司有东西要出售，所以才在微信朋友圈卖商品。若属于这种情况，那么就要用商品去反推，去定位目标人群。也就是说，原来的微信朋友圈很有可能是不适合销售这些商品的。举个例子，如果中年男子在自己的微信朋友圈卖面膜、内衣等女性专用品，可能就很难成功。图 8-31 所示为商品定位于女鞋类。

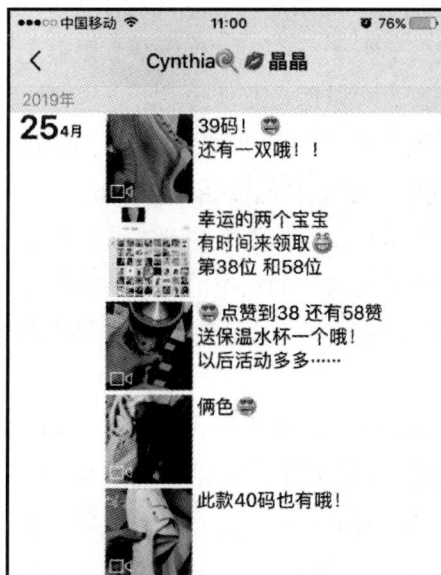

图 8-31　商品定位于女鞋类

### 8.4.2 微信朋友圈的营销技巧

在微信朋友圈营销商品，需要哪些技巧呢？

**1．建立关系的技巧**

（1）想要别人对你印象深刻，你可以主动出现在别人的面前。首先可以主动去点赞和评论微信朋友圈的动态。有时间可以去打招呼，发一些有意思，容易让人记住的话。

（2）每天筛选20个朋友用心阅读并回复相应的话题。

（3）要让别人关注自己，一定要让别人觉得自己的存在跟对方有关系，让对方有存在感。在微信朋友圈发布动态的时候可以多发一些互动性的动态，多问问朋友问题，发一些跟朋友相关的话题。

（4）在讨论中挖掘朋友的需求，并主动为大家提供解决方法的参考内容。

**2．内容编辑的技巧**

（1）与企业"核心商品"有关的话题。微信朋友圈营销的重中之重就是"品牌商品的塑造"，品牌商品的专业展示是营销的基础，所以应每天发一条"专业知识"。要注意的细节是，尽量把内容做成"连续性"的，吸引"粉丝"再次关注。

（2）分享买家现场体验的评价。

（3）偶尔分享与自己生活有关的话题，如吃喝玩乐等。可以适当"装可怜"，以博得好友的同情，有了同情就减少了距离。例如，"今天穿高跟鞋走了一天的路，脚都起泡了"。

（4）要懂得加入一点惊喜，可以适当要求转发。

（5）分享内容要做到"图文并茂"，图片必须符合文字的内容。

（6）链接分享必须要加上自己的引导式总结内容。

（7）注意字数。如果字数太多，微信朋友圈动态就只会显示一条，然后剩下的就隐藏起来了。要想让买家能完整地读完自己的动态，理解动态的含义，最好是能让动态全部显示出来。要实现让买家觉得你的内容不错或者引起共鸣，那么字数也不能太少，建议是80～110个字最好。

（8）表情。如果买家的朋友多，那么其每天的微信朋友圈动态可能比较多，在这种情况下，应怎样抓住买家的眼球，让买家看到并注意自己的动态呢？表情就能解决这个问题，因为表情可以让文字更生动化、色彩化。

**3．分享推送的技巧**

虽然微信朋友圈没有转发，但是依旧可以复制分享，引导用户分享商品并给予优惠，是一种很好的传播方法。

（1）分享话题最好的时间是晚上 8:00—12:00，抓住朋友碎片时间最多的时候。

（2）链接分享最好的时间是晚上 12:00 之后，第二天微信朋友圈绝大部分的内容都是你的。

（3）客户案例与故事一定要即时分享，才能够在第一时间借力客户形成营销裂变。

（4）微信朋友圈的信息不建议直接推送用户形成打扰，我们也同样不建议用刷屏的形式进行推广，每天发布的条数可以控制在 5 条左右，每隔一段时间发布，让他们在看微信朋友圈的时候，都偶尔会看到，然后吸引他们点进来看你的全部消息。

### 8.4.3 微信朋友圈植入广告的方法

在微信朋友圈能积极努力去做营销固然很好，但是需要有度，不能影响用户体验。下面介绍一些常用的广告植入方法。

#### 1. 自己试用

一个商品好与坏，第一说服力就是卖的人自己是否使用，为了打消客户的某些顾虑，可以上传自己试用的照片和体会，也能让好友感觉更亲切。自己试用如图 8-32 所示。

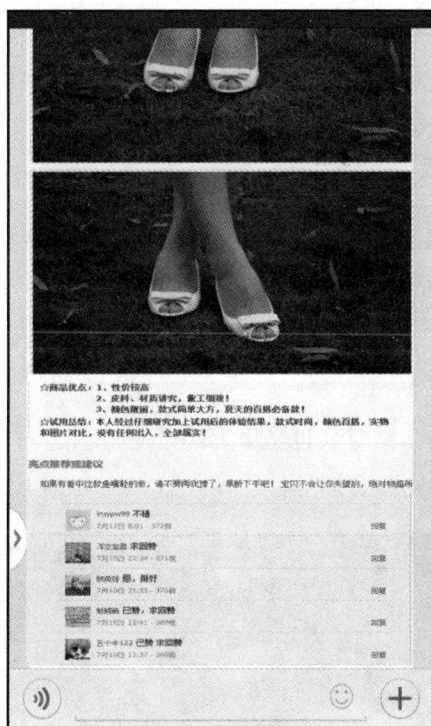

图 8-32　自己试用

#### 2. 客户评价

自己宣传商品，这样转化率会比较低，要是有第三人说你的商品好，往往更容易得到用户的认可。例如，客户对商品的评论、聊天记录等。客户评价如图 8-33 所示。

图 8-33 客户评价

### 3．品牌文章分享

一个商品要有说服力，品牌形象就一定要做得比较好，所以，适当的宣传品牌还是有必要的，尤其是对于要打造新品牌的朋友来说。

### 4．商品介绍

直接对一个商品进行描述，虽然看起来相对来说广告比较"硬"，效果可能差一些，但是对于一些需要展示的商品来说，也是必不可少的。例如，被子、十字绣、衣服等，都是需要看图片的。

### 5．工作照片

要证明你推荐的商品好，销量大也是重要的证明方法之一，要体现出销量大，可以从工作入手，如大量包裹单、同事合影等。工作照片如图 8-34 所示。

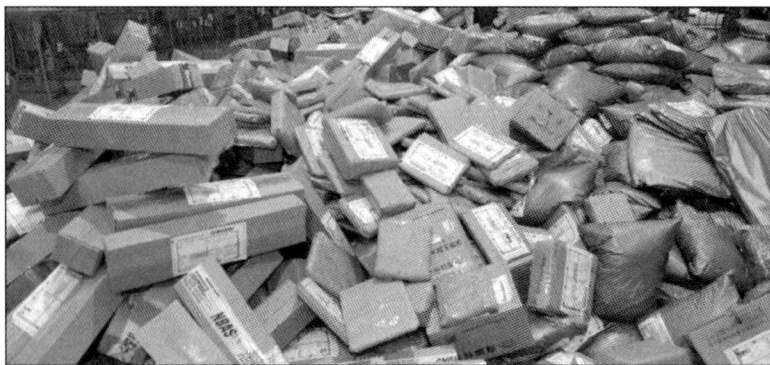

图 8-34 工作照片

## 案例分析

### 大学生开网店年销售额达千万元

当多数大学毕业生为找工作而苦恼的时候，24 岁的王东霞却苦于究竟是要接受外企的一份令人羡慕的工作，还是继续她的网络创业之路。一开始，她和大多数人一样，觉得在外企工作是最好的选择，但工作了三个月之后，她终于做出了自己最后的决定——辞职，继续她的网络创业之路。

目前，王东霞的网店经营得非常好，年营业额达到 1 000 万元，平均月营业额过百万。

淘宝网举办的促销互动活动让王东霞一战成名。王东霞认为，促销活动奠定了她的成功基础。据悉，该段时间淘宝让卖家参与促销，不需要花钱报名，只要有好的商品和较低的价格，就可以报名参加促销互动活动。疯狂购活动则导致王东霞打破了其经营网店至今的销售纪录。当时有 1 万名卖家报名参加活动，包括王东霞在内的 12 名卖家最终胜出，获得参加名额。王东霞与厂家商量，批了一个服装款式，结果活动期间，3 分钟卖出 600 多件，1 个星期就销售了 40 000 件。这也为王东霞的小店吸引了很多买家。

王东霞利用淘宝店的优势，进一步开拓实体店批发业务，作为网络零售的补充。王东霞专门开了家公司经营淘宝店，同时向各地的实体店供货。由于网络销售情况比较好，有不少网店加盟王东霞的店，最高峰时期多达 100 多人。根据统计，目前王东霞的批发顾客中，有大买家每月拿货规模可达到 5 万元，而每天拿 1 000 件以下的中小卖家也有很多。

根据以上材料，分析如下问题。

1. 大学生淘宝开店创业有什么注意事项？

2. 怎样做好加盟店？

## 课后习题

### 一、填空题

1. 目前，信息流广告已经覆盖绝大多数网民，呈现以_____、_____、_____为主其他媒体为辅的发展态势。

2. _____是做好信息流广告最重要的一环，转化好的广告创意不仅仅是设计师一个人的责任，而是由运营和设计来共同完成的。

3. _____就是找到目标用户，用户画像越清晰越便于后期的定向操作，包括年龄、性别、地域、学历、职业收入、兴趣爱好、上网习惯、消费属性等。

4. _____是在抖音 App 内"推荐"页面内出现的广告，即用户日常刷得最多的页面。

## 二、思考题

1. 信息流推广的目的是什么？
2. 怎样分析目标群体需求？
3. 影响展现量的因素有哪些？
4. 头条号推荐机制是怎样的？

## 技能实训

**实训一：** 抖音短视频引流

1. 通过抖音做电商。
2. 抖音直播卖货。

**实训二：** 开通今日头条引流

1. 设置自营广告。
2. 在头条写文章投放广告。

# 第9章　网店客服与物流管理

客服是商品交易过程的重要环节之一，好的客服会带给客户非常好的购物体验，可能使这些客户成为网店的忠实用户。而后期的物流管理，也会影响客户对网店的忠诚度，所以两者都是卖家需要重视的问题。

# 9.1　网店客服概述

网店客服是网店的一种服务形式。网店客服是指在开设网店这种新型商业活动中，充分利用各种通信工具，并以网上及时通信工具为主的，为客户提供相关服务的人员。在网店经营岗位中，网店客服是必不可少的重要角色。因为在电商各岗位中，网店客服是唯一能够跟客户直接沟通的岗位，这种沟通融合了情感，会给客户带来更好的沟通体验。

网店客服岗位有哪些职责呢？

（1）处理客户的商品质量和价格问题：每天通过千牛等聊天工具与客户进行线上沟通，从专业的角度为客户解决商品质量和价格中的问题。

（2）对未支付订单进行恰当催付：了解未付款原因的方式，催付中的注意事项。

（3）处理好中差评：处理在交易过程中遇到的中差评问题，如怎样对待客户的中差评、说服客户修改淘宝中差评的方法。

（4）客户关系维护：使用客户管理工具管理客户，为网店的老客户维护和老客户营销提供可靠的客户信息依据。将客户分类并设置不同折扣，定期或不定期地进行客户回访，维护良好的客户关系。

> **小提醒**
>
> 为了更好地完成工作任务，网店客服还需要进行一些相关的辅助性工作，包括但不限于学习商品知识，如完成每日工作日报、参加相关培训等。

# 9.2 商品质量和价格问题处理

在交易过程中，客户大多会质疑商品的质量和货比三家。这时，网店客服需要谨慎处理，让客户放心下单。以下内容是遇到相应问题时，网店客服处理时采用的方法。

## 9.2.1 客户担心商品的质量

将客户当成朋友，这样客户会更加信任网店，不会发生很多问题，即使发生问题处理起来也更加容易。有一次，我问一位皇冠网店老板："最近您店的生意越来越好了，有没有什么经验可以分享呢？"他回答我说："平时我们没事就和客户多聊聊，这样可以增加网店的人气，而且和很多客户都成了朋友。现在这些人都是我们的忠实客户，好多老客户还会带朋友来买。"

客户表面上是怀疑商品的质量，实际上是对网店客服不信任。所以处理好这个问题的关键是要取得客户的信任，让客户相信你所说的话。只是用简单空洞的语言给客户介绍，是难以取得客户真正信任的。以下方式都是不合适的。

（1）"您放心吧，质量都是一样的。"

（2）"都是同一批货，不会有问题的。"

（3）"都是一样的东西，不会有问题的。"

（4）"都是同一个品牌，没有问题。"

网店客服应坦诚地告诉客户商品特价的真正原因，以事实说服客户，同时以特价商品实惠、划算等信息及时引导客户产生购买行为。当网店客服行为坦诚、语言真诚，并且表现得敢于负责时，往往就容易取得客户的信任。

网店客服这时可以采用如下的语言来回复客户的担心。

"我能理解您的这种想法，不过我可以负责任地告诉您，这些特价商品之前其实都是正品，只是因为我们为了回馈老客户，特价促销，但质量是一模一样的，您完全可以放心挑选。"

"您有这样的想法可以理解，毕竟您说的情况在我们这个行业也确实存在。不过我可以负责任地告诉您，虽然我们这款是特价，但它们都是同一品牌，实际质量一样，而且现在价格上比以前又要优惠得多，所以现在买真得非常划算！"

## 9.2.2 客户喜欢"货比三家"

"货比三家"通常是指客户为了挑选最满意、最适合的商品，在一定范围做一定程度的市场调研、咨询后做出购买决策的行为。市场经济发展越繁荣，货比三家的现象就越多。

在网上销售商品的过程中，卖家可能会经常遇到客户货比三家的情况，如有的客户会说别的网店的商品便宜之类的话。这当然是一个价格问题，但网店客服必须分辨出客户是真的认为你的商品比别的店贵，还是故意为之，以此作为砍价的借口。

网店运营与推广从入门到精通（微课版）

### 1. 认真分析客户的语言

分析客户是在与哪家网店的商品进行比较。如果客户拿大品牌的商品与小品牌的商品相比，网店客服就应向客户说明两者的价格是不能相提并论的，因为品牌的知名度和市场定位都不一样。

### 2. 不要贬低其他网店

如果自己的商品好，那就没有必要通过诋毁别的网店来证明；如果别的网店的商品比我们的商品好，也没有必要去贬损他人。因为往往在贬低其他网店的时候也贬低了自己在客户心目中的形象。

### 3. 分析自己网店商品的优势

把本店商品和竞争者的商品的各种优、劣势进行详细比较，用数据、证书等直观的方式，从网店的状况和商品的定位、包装、质量等方面向客户说明。

### 4. 强调完善的服务

告诉客户自己网店的高价商品背后，有着优于竞争者的完善的服务体系，它是卖家持久发展的重要保障。

例如，网店客服可以说："亲，那可能是真的，毕竟每个人都想以最少的钱买最高品质的商品。但我们这里的服务好，可以 7 天无理由退换货，商品可以提供三年保修，您在别的地方购买，没有这么多服务项目，您还得自己花钱请人来安装，这样又耽误您的时间，又没有节省钱，还是我们这里划算。"

## 9.2.3 客户要求价格再优惠

当客户感到满意时，其才有可能回头，这个"满意"更大程度是依赖于客户消费时的感受和体验。如果客户在消费过程中的感受是美好的，客户就会有重复消费的可能。网店客服的最终目的应该是把客户对网店和商品的信任一起卖出去，增强用户黏性，形成自己的老客户群，并且利用老客户的介绍带来更多的新客户。所以老客户是网店最好的客户，他们在新品购买、品牌传播、市场竞争等方面都可以给网店带来更多的支持。网店销售一定要充分利用老客户资源，老客户在购买中占的比例直接反映了该网店的竞争力水平。如果确实不能再降低价格，而老客户还要强烈要求，为了能留住老客户，可以对老客户的消费行为加以回报，如可以通过会员制营销、包邮、赠送小礼品等方式来达到维护老客户的目的。

网店客服这时可以采用如下的语言来回复老客户要求价格再优惠点的问题。例如，网店客服人员可以说："亲，真的很谢谢您这么长时间以来对本店的厚爱与支持。作为老客户我想您一定知道我们的价格一直非常实在，并且本店在面料、做工、售后服务等方面也都非常完善，其实这也是本店赢得很多像您这样的老客户厚爱的重要原因。毕竟价格只是您决定购买的一部分因素,如果东西自己不喜欢的话,我想再便宜您也不会考虑,您说是吗？"

### 9.2.4 客户买多件商品要求打折

如果遇到客户买多件商品要求打折的情况，网店客服可以首先认同对方的感受，然后一定要通过商品的不同之处、优越性以及令人信服的质量保证等来说服客户，让客户知道物有所值。如果对方还是不依不饶，则可以向老板申请或者以附加赠品的方式等让步达成交易。一定要让对方感觉到我们已经在尽力帮助其解决这个问题了，并且语气要真诚、态度要诚恳，这样即使最后没有对客户做出任何实质性的让步，客户也会明白你确实已经尽力了。很多客户其实并不一定就是为了那点折扣，关键是其要有一个购买的理由或台阶。网店客服可以采用如下的语言来回复客户。

例如，网店客服人员可以说："您好，我可以理解您的这种心情。如果换成我是您的话，我也会认为多买几件就应该得到一些折扣。不过我们店的商品都是实实在在的价格，所以还要请您多理解和支持我的工作。不过考虑到您的情况，这样吧，我送您一个很实用的赠品，您看行吗？"

# 9.3 未支付订单处理

在常规交易中，当客户拍下商品后，如果 72 小时内都没有付款，那么这笔订单将被自动关闭，订单关闭也就意味着卖家没有成功卖出商品，对于网店来说就是销售额上的损失。这时，网店客服需要采取一定的措施来处理这些问题。

### 9.3.1 了解未付款原因的方式

有了订单信息之后，我们首先要想一下，客户在拍下商品后是什么原因导致其迟迟没有付款呢？未付款的原因可以看作客户遇到的问题，这些问题都需要我们去思考，想让客户付款，我们要做的事情就是把客户的问题解决了，这就是对症下药。如果只是盲目地催客户付款，反而会适得其反。所以，网店客服当前要做的事情就是去了解客户所遇到的问题。所有问题都需要网店客服与卖家沟通，知道问题所在后再去帮助客户解决问题。

#### 1. 操作不熟

一些新手客户对购物流程不熟悉，一般都会遇到各种问题，如插件下载、密码混淆等。有些客户会主动求助网店客服给予帮助，而有些客户就这样不了了之了，导致订单最终支付失败。作为网店客服，可以积极、主动地向客户询问其未付款的原因，并担当起义务辅导员的职责，来引导客户一步步地完成支付。网店客服要熟悉购物流程，并且推荐使用千牛的截图功能，可以更加直观地去解决这个问题。

#### 2. 忘记支付密码

有些客户会忘记支付密码，并且不知道具体该如何解决，此时作为网店客服需要熟悉重置密码的方法，帮助客户找回支付密码。

## 9.3.2　分析未付款的主观原因

常见的未付款的主观原因有 3 类：第一类是客户和网店客服对商品的价格无法达到一个统一值，客户对网店的商品价格不认可导致最终交易无法完成；第二类是客户对商品抱有怀疑的态度，对商品的不信任导致其不敢买；第三类也是很常见的，就是跟其他家对比，哪家最有优势，客户就买哪家的。

（1）议价不成功。议价的客户逃不出两种心理：一种是占便宜的心理，另一种是心理价位。对于具有这两种心理的客户，本章中讲解了很多应对的方法和技巧，在应对未付款的客户时，同样可以使用到这些方法和技巧。

（2）有所担心。如果客户未付款的原因是有所担心，就意味着客户心里有疑虑。在本章中介绍了帮助客户消除这些疑虑的方法，在客户已经拍下商品后再使用这些方法，成功率会更高。

（3）货比三家。客户要货比三家，我们要挖掘商品的卖点，从商品本身以及服务商出发去寻找差异化，网店客服将这些卖点以及差异化展现给客户，为本店商品加分，吸引客户在本店下单。

当然，除了以上原因外，还会有其他原因，如拍错了、拍下后商品价格或运费需要改价等，在催付过程中会发现还有很多原因，不管什么原因，网店客服都要想办法帮客户解决这些问题。

## 9.3.3　催付注意事项

在催付过程中有几点禁忌，大家一定要注意，不然会适得其反。

### 1. 时间

理论上是越早催付越好，但不一定就是客户拍下商品后，越快催付越好，也要看当时的具体情况，如果没有注意催付时间的话，则很有可能会给交易带来影响。

催付参照时间表如表 9-1 所示。例如，当天抓取订单时发现有 11 点前的订单，那么网店客服可以先等等，在 15 点前进行催付，因为客户可能比较忙，要给买家一点时间去完成付款，以便在发货时间前付款成功。再如，15 点的订单，这个时间一般是卖家的发货时间临界点，可以提醒客户，付款后当天就可以发货。对于 22 点前拍下的订单，建议登记后在第二天进行催付，不建议晚上打扰客户。

表 9-1　催付参照时间表

| 下单时间 | 催付时间 |
| --- | --- |
| 11 点前 | 当日 15 点前 |
| 15 点前 | 当日发货 |
| 22 点前 | 次日中午前（下午上班前） |
| 00:00 以后 | 次日 12 点以后 |
| 两次以上购买的客户 | 拍下 48 小时后 |

另外，对于两次以上购买的客户，这类客户的特殊性是对网店信任，了解商品，所以网店客服不必太着急去催付，如果是日常交易，建议在交易关闭前的 24 小时内进行催付。这类的话术最好还要带一点感情进去，可以问一下之前的商品使用情况等，再次提高客户的黏度。

2．频率

不要用同一种方法重复催付，并且催付的频率不要太高，要把握分寸，如果客户实在是不想购买，那么就留下一个好的印象，等待客户下次光临，有时候适时撤退也是有价值的。

# 9.4　中差评处理

在网店经营中，难免会碰到一些急躁的客户，在卖家还没有做出反应之前，就给了差评。在销售的过程中，如果不能正确处理客户的抱怨，那么将给网店带来极大的负面影响。因为一个不满意的客户可能会把他/她的不满意告诉他/她身边的很多亲朋好友，并且给网店一个差评，其破坏力是不可小觑的。

## 9.4.1　正确对待客户的中差评

一定要积极地回应客户的抱怨，适当地对客户做出解释，消除客户的不满，让他们传播网店的好名声，而不是负面的消息。

作为卖家，莫名其妙地得到一个差评，不仅会被扣分，还会觉得委屈。在看到有差评时，要心平气和地查看是什么原因造成的差评。客户给出差评一般有以下几种情况。

（1）心急的客户抱怨物流速度慢。

（2）对网店客服的服务态度不满意。例如，有些网店客服总是一味地介绍自己的商品，根本不去了解客户的偏好和需求，同时对客户所提出的问题也不能给予满意的答复，或在销售的过程中出现轻视客户、不信任客户的现象。

（3）客户对商品的质量和性能不满意。出现这种抱怨很可能是因为广告夸大了商品的价值功能，结果当客户见到实际商品时发现与广告不符，由此产生了不满。

如果是卖家的过错，就要想办法去弥补，即使是运输过程出了问题，也不能让客户完全承担。但是有些人抓住卖家的这种心理，利用差评要挟，特别是新手卖家一定要注意。如果遇到以差评要挟的，一定要找到有力证据，坚决维护自己的利益。

如果卖家在第一时间承担了错误，客户会感觉到卖家是有责任心的，气就会消下去大半。如果卖家又在第一时间拿出处理问题的方案，大多数客户就都会用商量的口吻来进行接下来的对话了。

客户中有没有贪小便宜的人呢？当然有，但一定是极少数的。聪明的卖家在遇到差评时，首先想到的是：第一，客户的意见里有没有值得自己改进的地方？如果有，早改比晚改好；第二，能不能用这样的机会，向潜在的客户表明自己对待错误的责任和出色的售后服务管理制度。这样一来，就可以扩大自己的关注度。

> 📖 **小提醒**
>
> 一般情况下，客户都是很好的，所以要和客户沟通好。如果认为客户提出的问题可以通过换货解决，那就尽量换货；如果客户提出的要求，换货也解决不了，那就退货。

### 9.4.2 说服客户修改淘宝中差评的方法

中差评是开网店不可避免的情况，很多中差评都是由误会引起的，卖家在跟客户沟通后都能得到修改。

如果你是卖家，当你收到中差评时，千万不要盲目抱怨甚至投诉客户。这样只会激怒对方，使问题没有了解决的余地。应该先冷静、客观地分析一下情况，如果自己确实有过错，应诚恳地向客户道歉，承认工作上的过失，双方达成一致意见后，卖家可以提出自己的要求，如"我有个小小的请求，您能否为我修改一下评价？真的很感谢您为我们提了很好的建议和意见，希望以后多多合作!"通常客户也不会因为一点小事伤了和气，一般都会同意修改评价。如果客户不知道如何修改评价，卖家可以把修改评价的方法告诉客户。

不过，就算客户不愿意对评价进行修改，也要保持理性的态度，有少数几个中差评也是可以理解的。

# 9.5　客户关系维护

客户关系维护是一个不断加强与客户交流、了解客户需求，并不断对商品及服务进行改进和提高，以满足客户需求的连续性的过程。

### 9.5.1 使用客户管理工具管理客户

客户管理是通过对客户详细资料的深入分析来提高客户满意程度，从而提高网店竞争力的一种手段。客户关系是指围绕客户生命周期发生、发展的信息归集。客户关系的核心是客户价值管理，通过"一对一"的营销原则，满足不同客户的个性化需求，提高客户忠诚度和保有率，实现客户价值持续贡献，从而全面提高网店的盈利能力。客户关系不仅仅是一个软件或者一种制度，还是方法论、软件和 IT 能力的综合，是一种商业策略。综上所述，客户关系管理是指一种以信息技术为手段，对客户资源进行集中管理的经营策略。

使用客户管理工具
管理客户

卖家需要了解客户的性别、年龄、收入状况、性格、爱好、购物时间、购买记录等，并进行统一的数据库管理，然后才能对客户进行有针对性的关怀和营销，从而提高客户的回头率，进而增加网店销量。

淘宝网后台的会员管理工具，提供了会员分组管理、客户分群等功能，其具体操作步骤如下。

（1）登录淘宝网后台，单击左侧栏"营销中心"右侧的">"，在弹出的菜单中选择"客户运营平台"，如图 9-1 所示。

图 9-1　客户运营平台

（2）进入"客户运营平台"页面，单击"客户列表"后，页面即会按交易时间顺序呈现网店客户名单及其订单信息，按照"成交客户""未成交客户""询单客户"进行分组，如图 9-2 所示。

（3）完整而准确的客户信息是客户关系管理的基础。单击"客户列表"右边的"详情"按钮，即呈现客户的详细信息，包括真实姓名、收货地址、性别、手机以及交易信息等，如图 9-3 所示。

（4）单击"客户运营平台"—"客户分群"，进入"客户分群"界面。客户分群功能可自动识别网店的"兴趣人群""新客户人群"和"复购人群"，并对其进行定向运营。客户分群如图 9-4 所示。

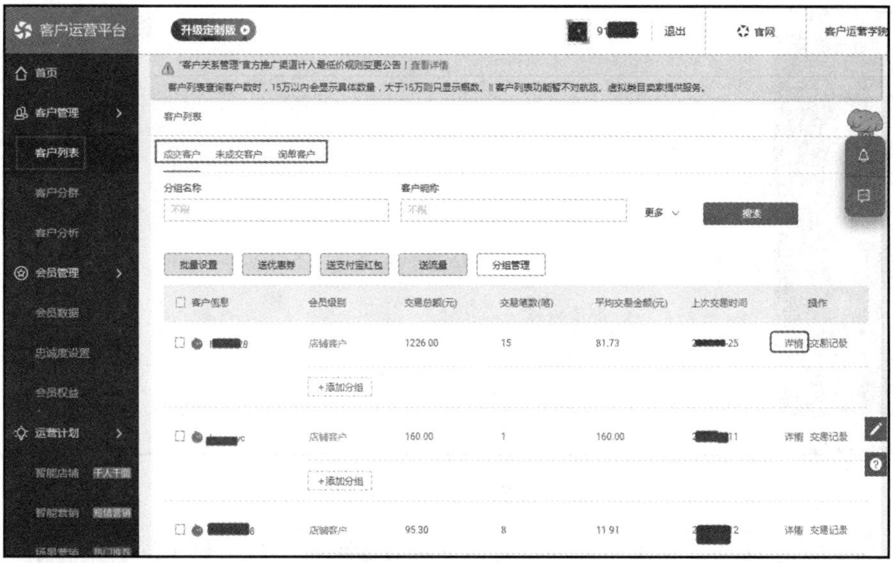

图 9-2　客户列表

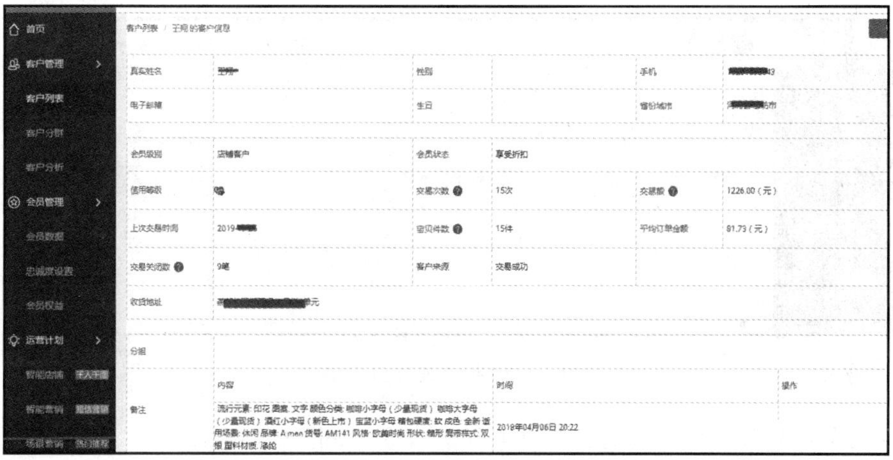

图 9-3　客户的详细信息

图 9-4　客户分群

（5）之后再选择"客户列表"，并单击"分组管理"按钮，如图 9-5 所示。

图 9-5　分组管理

（6）根据不同的方式从多个维度对客户进行分组管理，然后单击"新增分组"按钮，如图 9-6 所示。

图 9-6　对客户进行分组管理

（7）进入"新建分组"页面，并设置分组名称，如图 9-7 所示。

图 9-7　设置分组名称

（8）单击"确定"按钮，就可看到建好的分组，如图 9-8 所示。

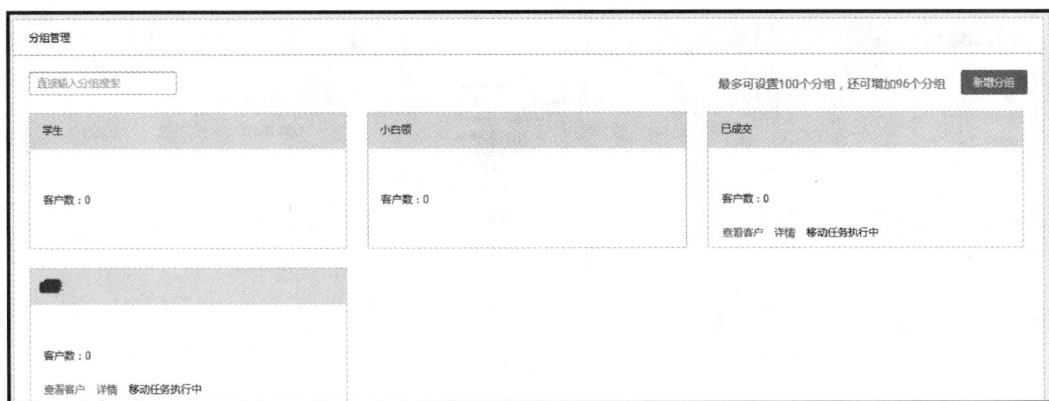

图 9-8　建好的分组

（9）选择一个客户后，单击"添加分组"按钮，选择合适的组群，如图 9-9 所示。

图 9-9　添加分组

## 9.5.2　将客户分类并设置不同折扣

淘宝网店为了留住客户，并没有"设置会员忠诚度"项，将会员客户进行分类，并为不同类型的会员客户提供不同的折扣。

（1）打开千牛卖家工作台，在顶部"最常使用"列表中单击"客户运营"下拉列表中的"客户运营平台"超链接，如图 9-10 所示。

（2）打开"客户运营平台"页面，单击左侧的"忠诚度管理"下面的"忠诚度设置"，如图 9-11 所示。

将客户分类并设置
不同折扣

图 9-10 千牛卖家工作台

图 9-11 单击"忠诚度设置"

（3）打开"忠诚度管理"页面，单击"VIP 设置"右侧的"立即设置"按钮，如图 9-12 所示。

（4）在页面中，填写"会员卡名称"，然后开始设置会员等级，最后单击"普通会员"右侧的"设置"，如图 9-13 所示。

图 9-12　单击"VIP 设置"右侧的"立即设置"按钮

图 9-13　单击"普通会员"右侧的"设置"

（5）填写满足成为普通会员条件的交易额为 200 元，折扣为 9.5，意思就是当买家在网店购买满 200 元后即可自动升级成普通会员，并享受 9.5 折的折扣，卖家可根据自己的网店情况来设置门槛。设置完成后，单击"保存"按钮就完成了普通会员的设置，如图 9-14所示。

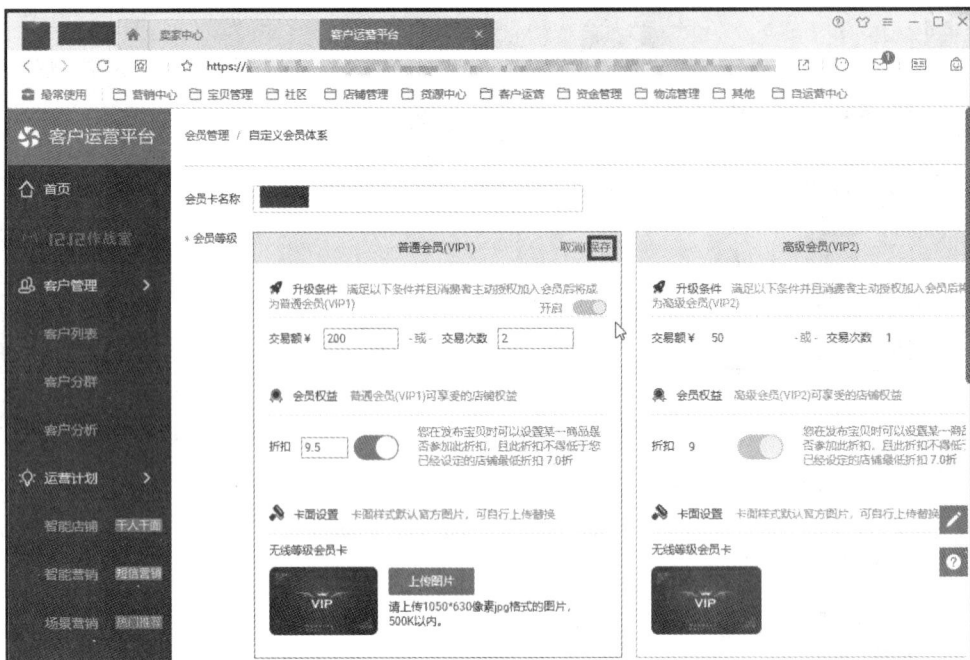

图 9-14　设置普通会员

（6）接下来设置高级会员，卖家可以设置交易额为 500 元或交易次数为 3 次，即可享受 9 折的折扣，如图 9-15 所示。

（7）继续设置 VIP 会员和至尊 VIP 会员，交易金额和折扣可以设置得更高，设置完成后单击"保存"按钮，如图 9-16 所示。

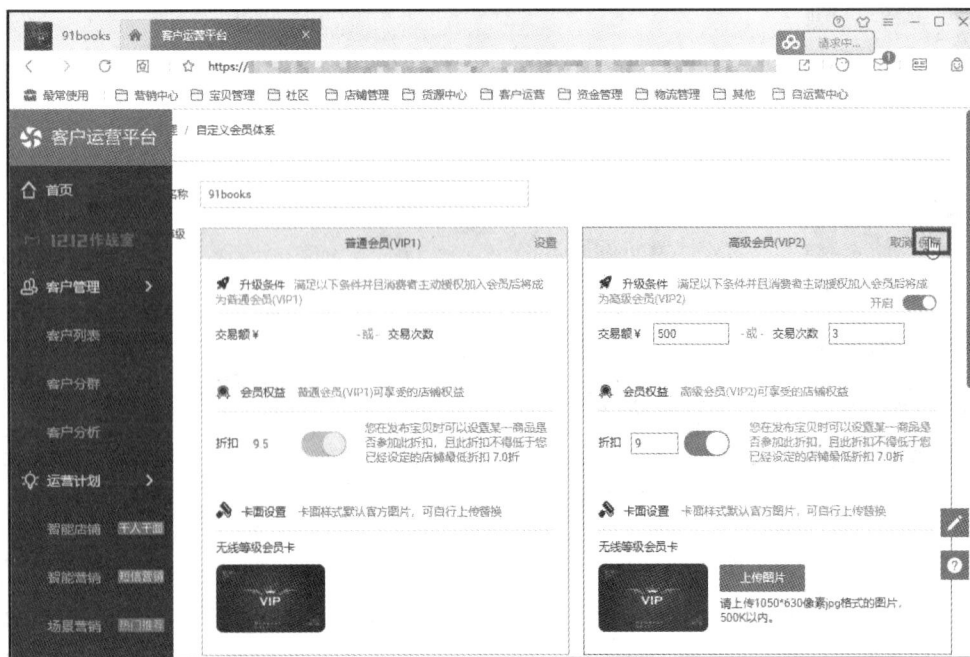

图 9-15　设置高级会员

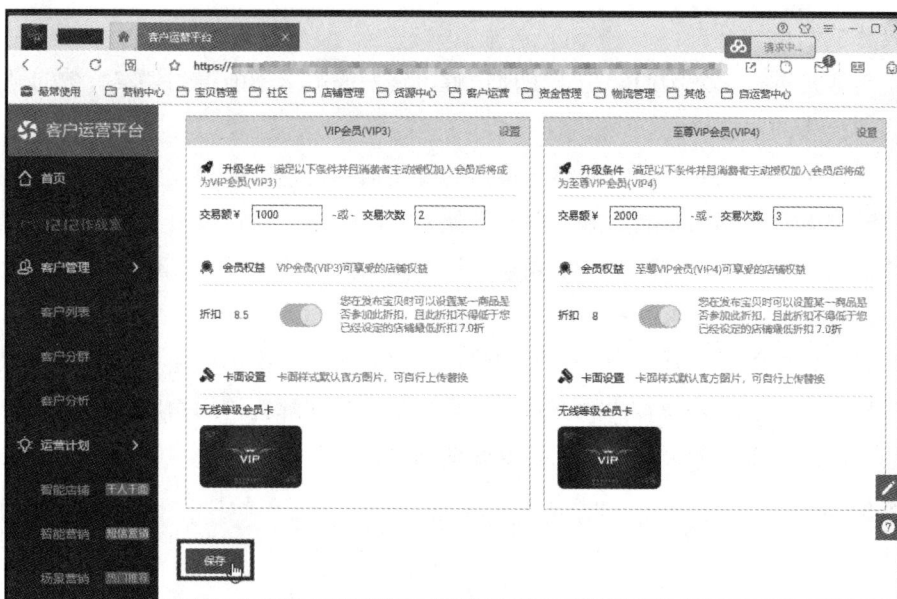

图 9-16　设置 VIP 会员和至尊 VIP 会员

### 9.5.3　维护好老客户

大家都明白这样一个道理，老客户的维护成本是远低于新客户的开发成本的，那么网店如何对老客户进行最合理的维护呢？

（1）更多优惠措施，如设置老会员打折，在商品一口价的基础上进行折扣设置或者减价。可以单独给老会员优惠券，提高会员再次购买的概率，以营销消息的形式将网店优惠券发放到会员手里，拓展销售方式，提高网店流量，增加会员回头率与购买欲望。经常和老客户沟通交流，保持良好而融洽的关系。

（2）特殊客户特殊对待，根据 80/20 原则，公司 80% 的利润是由 20% 的客户创造的，并不是所有的客户对网店都具有同样的价值，有的客户带来了较高的利润率，有的客户则对于网店具有更长期的战略意义。美国《哈佛商业杂志》发表的一篇研究报告指出：与初次登门的人相比，多次光顾的客户可为企业多带来 20%～85% 的利润。所以，善于经营的网店要根据客户本身的价值和利润率来细分客户并密切关注高价值的客户，保证他们可以获得特殊服务和待遇，使他们成为网店的忠诚客户。

（3）提供系统化解决方案，不仅仅停留在向客户销售商品的层面上，还要主动为他们量身定做一套适合的解决方案，在更广的范围内关心和支持客户发展，增强客户的购买力，扩大其购买规模，或者和客户共同探讨新的消费途径和消费方式，创造和推动新的需求。

（4）建立客户数据库，与客户建立良好关系。在信息时代，客户通过互联网等各种便捷的渠道都可以获得更多、更详细的商品和服务信息，使客户比以前更加聪明、强大，更加不能容忍被动的推销。此时，与客户的感情交流是网店用来维系客户关系的重要方式，日常的拜访、节日的真诚问候、过生日时的一句真诚祝福、一件小赠品都会使客户深为感动。交易的结束并不意味着客户关系的结束，在之后还需与客户保持联系，以确保他们对网店的好感能够持续下去。

（5）与客户进行深入沟通，防止出现误解。客户的需求不能得到切实有效的满足往往是导致客户流失的主要原因。

一方面，网店应及时将经营战略与策略的变化信息传递给客户，便于客户工作的顺利开展。同时把客户对网店商品、服务以及其他方面的意见、建议收集上来，将其融入网店各项工作的改进之中。这样既可以使老客户知晓网店的经营意图，又可以有效调整网店的营销策略，以适应客户需求的变化。

另一方面，要善于倾听客户的意见和建议，建立相应的投诉和售后服务沟通渠道，鼓励客户提出意见，及时处理客户的不满，并且从尊重和理解客户的角度出发，站在客户的立场去思考问题，采用积极、热情的态度处理问题，同时也要跟进了解客户，采取积极有效的补救措施。

# 9.6 物流管理

下面介绍物流管理的相关内容，如物流模式选择、仓储管理和商品的包装等。

## 9.6.1 物流模式选择

网上交易发送货物需要通过物流来完成，物流大体可分为邮政运输、快递发货和物流托运 3 种。

### 1. 邮政运输

几乎每个网店卖家都有通过邮政发货的经历。有的卖家认为邮局平邮价格一点也不便宜，而有的卖家认为邮局平邮非常便宜，而且货物的安全指数也高。事实上，到邮局发货有很多小窍门，如果卖家掌握了，就可以省下不少钱，否则可能会比快递还贵。

> **📖 小提醒**
>
> 邮政运输的基本特点：
>
> ① 邮费单价由邮局统一规定，价格比较低廉。
>
> ② 邮寄速度比较慢。
>
> ③ 对邮寄物品的属性要求比较严格。
>
> ④ 安全保障性比较强，服务规范。

### 2. 快递发货

网店卖家一定都与快递公司打过交道，而且这种运输方式是大多数网店卖家常用的。

市场上主要的快递公司有顺丰速运、宅急送、圆通速递、申通快递、中通快递等。那么，怎样选择快递公司呢？卖家需要注意以下几个方面。

（1）安全度：无论用什么运输方式，都要考虑安全方面的问题。因为不管是买家还是卖家，都希望通过一种很安全的运输方式把货物送达目的地。如果安全性不能保障的话，那么随之而来的将是一连串的问题。所以，一定要选择与一个安全性较高的快递公司合作。

（2）诚信度：选择诚信度高的快递公司，能够让商品更有安全保障，能够让买卖双方都放心。选择快递公司的时候，卖家可以先在网上看看网友的评价。

（3）价格：对于卖家来说，找到一家合适的快递公司并不容易。价格如果比较便宜的话，可以节省一笔不小的开支，特别是新开店的卖家。但是也不能一味地追求价格低廉，对快递公司的选择至少要建立在安全和诚信的基础上，如果连这两点都无法保障的话，那么仅仅价格便宜也是起不了作用的。

所以，大家一定要多试用几家快递公司，多打几次交道，才能看出来到底哪家的服务好，哪家的价格更便宜。这样才能让网店的利润更为可观。

### 3．物流托运

如果卖家要发出的货物数量比较多，体积比较大，使用平邮或快递就会非常贵，这时卖家不妨借助客车运输货物。买家如果离卖家不远，卖家可以借助短途客车托运货物。这种运输方式一般会要求寄送方先付运费。卖家一定要及时通知收货方收货，并且在货物上写清联系方式和收货人姓名。卖家在托运前必须严格按照合同中的有关条款、国际货协和议定书中的条项包装并标记货物。距离远的大件物品可使用铁路托运。

（1）汽车托运。运费可以到付，也可以现付。货物到了之后可能还会向收货方收卸货费。一般来说，汽车托运不需要保价。当然，有条件的话最好选择保价，保价费一般是货物价值的 4‰。收货人的联系方式最好能写两个：一个是手机，另一个是固定电话，以确保能接到电话通知。

（2）铁路托运。铁路托运一般价格低廉，速度也较快，但是只能到达火车站。火车站都有价格表。如果包装得好，一般不会打开检查，现在还会贴上"小心轻放"的标签。收件人需要凭传真件和身份证提货，运费得现付，不太方便。

（3）物流公司。物流公司的发货方式与其他托运方式不太一样。其他托运方式一般是点对点的，而物流公司可以转运到一个城市中的几个地点，寄方可选择收件方方便取货的地点。这种送货方式速度慢，中转次数多，因此要求卖家将货物包装好，否则容易造成破损。

## 9.6.2 仓储管理

在企业物流系统中，仓储管理是一个基本环节，是指对仓库及其库存商品进行管理。仓储系统是企业物流系统中不可或缺的子系统。

## 1．检验商品

电子商务公司发展到一定阶段，都会设立专属的物流部门来对库存商品进行更系统化和规范化的管理，或者根据公司的经营特点设计一个 ERP 系统进行管理。ERP 系统是一个在全公司范围内应用、高度集成的系统，数据在各业务系统之间高度共享，所有的源数据只需要在某一个系统中输入一次，保证了数据的一致性，可以实现即时交易管理、动态库存管理和财务管理。

当供货商将商品运至仓库时，担任收货工作的人员必须严格、认真地检查，看商品外包装是否完好，若出现破损或临近失效期等，要拒收此类货物并及时上报相关主管部门。

确定商品外包装完好后，再依照订货单和送货单来核对商品的品名、等级、规格、数量、单价、合价、有效期等内容，仔细检查商品的外观有无破损和明显的污渍，做到数量、规格、品种都准确无误，质量完好，配套齐全后方可入库保管。

## 2．编写货号

每一款商品都应该有一个货号，即商品编号。编写货号是为了方便卖家进行内部管理，在网店或仓库里找货、盘货都很方便。最简单的编号方法是"商品属性+序列数"，具体做法如下。

（1）将商品分类，如分为耳环、项链、戒指、吊坠等。

（2）针对每一个类别的名称，对应写出其汉语拼音，确定商品属性的缩写字母，如"耳环"（erhuan）缩写为 RH、"项链"（xianglian）缩写为 XL、"戒指"（jiezhi）缩写为 JZ、"吊坠"（diaozhui）缩写为 DZ 等。

（3）每一个类别的数字编号可以是两位数或三位数，视该类商品的数量而定，但也要留有发展的余地，因为商品款式可能会越来越多。

如果销售的是品牌商品，厂家一般都有标准的货号，卖家就不需要自己再编写货号了，只需要照原样登记就行。但是，卖家要学会辨认厂家编写的货号，其实货号就是商品的一个简短说明。

服装类商品因为款式繁多，因此编写货号的规则往往更加复杂。例如，特步的商品每款都有对应的货号，只要了解特步编写货号的规则，看货号就能知道是什么商品，买家在咨询时也能马上明白其指的是什么商品。

## 3．入库登记

商品验收无误并编写货号后，即可登记入库。在入库时要详细记录商品的名称、数量、规格、入库时间、凭证货码、送货单位和验收情况等，做到账、货、标牌相符。

当商品入库后，卖家还要按照不同的商品属性、材质、规格、功能、型号和颜色等进行分类，然后分别放入货架的相应位置存储。在存储时要根据商品的特性，注意做好防潮处理，以保证仓库中货物的安全。在进行入库登记时要保证商品的数量准确、价格无误；当商品出库时，为了防止出库货物出现差错，必须严格遵守出库制度，做到凭发货单发货，无单不发货。

### 9.6.3　商品的包装方法

买家拿到商品时最先看到的是包装,所以要想给买家留下非常好的印象,首先就要包装好商品。美观大方、细致入微的包装不但能够保证商品的安全,而且能够赢得买家的信任和口碑。

下面介绍一些常见商品的包装方法。

#### 1. 礼品饰品类

礼品饰品类商品一定要用包装盒、包装袋或纸箱来包装。卖家可以到当地的包装盒、包装袋批发市场挑选,也可以在网上批发。使用纸箱包装时一定要有填充物,这样才能把礼品固定在纸箱里。可以附上一些写有祝福语的小卡片,也可以写一些关于此礼品或饰品的说明和传说,让一件小小的商品显得更有故事和内涵。图 9-17 所示为使用包装盒包装的图片。

图 9-17　使用包装盒包装的图片

#### 2. 衣服、床上用品等纺织品类

如果是衣服等纺织品就可以用布袋装,并且最好采用白色棉布或其他干净、整洁的布。淘宝网有专卖布袋的网店,大小不一,价格也不一。如果家里有废弃的布料,也可以自己制作布袋。包装时,一定要在布袋里加一层塑料袋,因为布袋容易进水和损坏,从而弄脏商品。当然也可以使用快递专用的加厚塑料袋,在网上就能买到,价格不贵,普通大小的一个在 3~7 角,其特点是防水、防辐射,经济实惠,方便安全,用来邮寄纺织品确实是个不错的选择,加厚塑料袋如图 9-18 所示。

图 9-18　加厚塑料袋

### 3. 电子商品类

电子商品是很精密的商品，因此包装也很讲究，常采用纸箱、托盘包装。在货物比较轻的情况下可以用纸箱，但纸箱的质量一定要好。包装时一定要用气泡膜包裹结实，再在外面多套几层纸箱或包装盒，多放填充物。提醒买家在收到商品后，应当面检查确定完好再签收。因为数码商品的价格一般比较高，如果出现差错会比较麻烦。图 9-19 所示为电子类商品采用的纸箱包装。

图 9-19　电子类商品采用的纸箱包装

### 4. 易碎品

易碎品的包装一直令卖家头疼，特别是易碎品的运输包装。这类商品包括瓷器、玻璃饰品、CD、茶具、字画、工艺笔等。通常要求易碎品外包装应具有一定的抗压强度和抗戳穿强度，可以保护易碎品在正常的运输条件下完好无损。

对于这类商品，包装时要多用些报纸、泡沫塑料或者泡绵、泡沫网，这些东西重量轻，而且可以缓冲撞击。另外，易碎怕压的物品四周应用填充物充分地填充。这些填充物比较容易收集，如包水果的小塑料袋，平时购物带回来的方便袋，还有买电器时的泡沫等。尽量多用聚乙烯的材料，少用纸壳、纸团，因为纸要重一些，而塑料制品膨胀效果好，且自身轻。

在包装外可以贴上易碎物品标签，箱子四周应写上易碎物品勿压、勿摔，提醒快递公司在装卸货过程中小心轻放避免损坏。图 9-20 所示为易碎物品标签。

图 9-20　易碎物品标签

### 5. 书刊类

书刊类商品的具体包装过程如下。

（1）将书刊用塑料袋套好，以免理货或者包装的时候将书刊弄脏，也能起到防潮的作用。

（2）用报纸中夹带的铜版纸做第二层包装，以避免书籍在运输过程中被损坏。

（3）外层用牛皮纸、胶带进行包装。图 9-21 所示为牛皮纸包装。

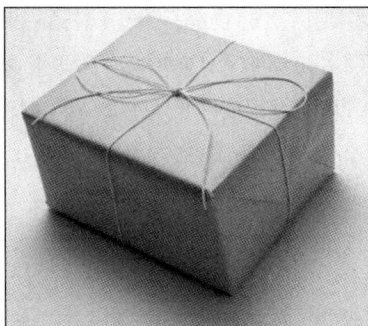

图 9-21　牛皮纸包装

（4）如果选择用印刷品方式邮寄，用胶带封好边与角后，要在包装上留出贴邮票、盖章的空间；如果选择包裹邮寄方式则要将外表面用胶带全部封好，不留一丝缝隙。

### 6. 数码商品

这类商品需要多层"严密保护"，包装时一定要用气泡膜包裹结实，再在外面多套几层纸箱或包装盒，多放填充物。气泡膜如图 9-22 所示。提醒买家在收到商品后，应当面检查确定完好再签收。因为数码商品的价格一般都比较高，如果出现差错会比较麻烦。

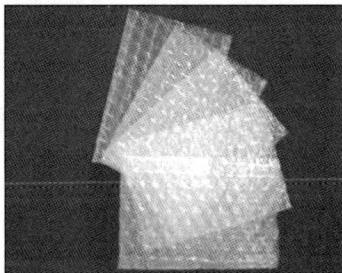

图 9-22　气泡膜

### 7. 食品

易碎食品、罐装食物宜用纸盒或纸箱包装，让买家看着放心，吃着也放心。在邮寄食品之前一定要确认买家的具体位置、联系方式，了解商品到达所需的时间。因为食品有保质期，而且还与温度和包装等因素有关，为防止运送时间过长导致食品变质，运送食品时最好使用快递。

### 8. 香水等液体类商品

香水、化妆品一般都是霜状、乳状、水质的，多为玻璃瓶包装，因为玻璃的稳定性比塑料好，可以使化妆品不易变质。所以除了包装结实，确保不易破碎外，防止渗漏也是很重要的。最好先找一些棉花把瓶口处包严，用胶带缠紧。然后用气泡膜将瓶子的全身包起来，防止洒漏。最后包一层塑料袋，即使漏出来也会被棉花吸收并有塑料袋保护，不会污染其他包裹。

### 9. 钢琴、陶瓷、工艺品

钢琴、陶瓷、工艺品等偏重或贵重的物品应采用木箱包装。美国、加拿大、澳大利亚、新西兰等国，对未经过加工的原木包装有严格的规定，要求必须在原出口地进行熏蒸，并出示受承认的熏蒸证，进口方才可接受货物进口。否则，将有罚款或货物将被退回原出口地。

按照上述方法，针对不同的商品，采用不同的包装方法，既能保证商品在运输途中的安全，也能尽量减少在商品包装方面的支出。

## 📖 案例分析

### 自创品牌淘宝开店

孙羽宸的网上开店不到一年，他在淘宝上的品牌男装店就已经冲到皇冠，好评率达99.01%，日均销售男装150余件，年营业额为300万元。

目前，网上大多数的男装店主要分为两类：一类是从各类批发市场淘来的无品牌服装，以低价和版型走量；另一类则是做品牌服装的代理加盟，靠差价或品牌商返点盈利。孙羽宸做的却是另一种模式，自创品牌。

孙羽宸注册了自己的男装品牌，通过专门的服装设计师对服装版型、纹样等进行设计，交由代工厂商生产后，利用网络渠道走货。这种模式的优势是商品独特，成本又低。在服装设计上，不是采取原创的形式，而是通过收集淘宝最热卖的几十款男装版型，再以招标的形式发包给设计师做微调的形式进行服装设计；在生产上，其通过直接以向制衣厂家发订单的形式批量拿货。

孙羽宸的网店年营业额是300万元左右，利润率在20%以上。如此高的利润水平是如何达到的？在研发阶段孙羽宸主要通过招标的形式一次性付费给设计师。目前，做设计的都是一些服装专业的学生，20个版型以内的订单，每单不会超过3 000元。除此之外，在后期展示上，他还通过聘请大学生兼职模特的形式降低成本。

除此之外，通过厂家代工，生产成本也很低，这部分成本只占总成本的20%左右。

孙羽宸分享了他们选择网络爆款的5+3+1模式。"所谓5+3+1，即先推广5个款式的服装，然后根据最后的消费数据，选取3个相对比较好的款式，再根据市场反应，选择最火的一款商品进行再设计，重点加推。"孙羽宸提醒广大创业者，经常参加淘宝自带的直通车、聚划算等推广工具，既可以使货品冲量，又可以迅速提高本店的搜索排名，是一种最快捷的免费推广方式。

根据以上材料，分析如下问题。

1. 怎样自创品牌，有哪些优势？

2. 怎样通过网络渠道走货？

## 📕 课后习题

### 一、填空题

1. _____是指客户拍下商品后没有付款，网店客服人员引导客户付款的行为。

2. 美观大方、细致入微的_____不但能够保证商品的安全，而且能够赢得买家的信任及口碑。

3. 网上交易发送货物需要通过物流来完成，物流大体可分为_____、_____和_____3种。

4. 市场上主要的快递公司有_____、_____、_____、_____、_____等。

### 二、思考题

1. 分析未付款的主观原因。
2. 简述催付注意事项。
3. 怎样对待买家的中差评？
4. 国内常见的快递公司有哪些？
5. 常见商品的包装方法是怎样的？
6. 怎样用商品包装来收买人心？

## 📕 技能实训

**实训一：** 对未支付订单进行恰当催付

1. 了解未付款原因的方式。
2. 催付时要注意哪些问题。

**实训二：** 选择合适的物流发货方式

1. 选择邮局发货。
2. 在网上找到常见的快递公司，通过快递公司发货。

# 第10章　网店运营大数据分析

在淘宝网店的运营中，数据分析永远扮演着不可忽视的角色。新手卖家都不太了解数据分析，只知道一味地去引流、打造爆款等，却不知道如何从数据中获取更精准的分析。网店数据分析是通过数据的形式，把网店各方面情况反映出来，使运营者更加了解网店的运营情况，便于调整网店的运营策略。而如今做数据分析，最常见的工具就是"生意参谋"了。

# 10.1　网店运营数据分析的作用

在网上开店的人，不管是店主还是普通工作人员，想要做好的话，都需要重视数据分析。数据分析可以帮助店主做出正确的判断，以便于采取适当的行动。

网店运营数据分析有什么意义呢？网店运营数据分析具有四大作用：及时发现问题、分析多重问题、建立历史档案和自由对比分析。

### 1. 及时发现问题

作为一个网店卖家，需要随时监控全店各类数据，发现异常数据应及时采取对策，从而减少网店的损失。及时发现网店的问题所在，还需要特别留意一些离散的数据点。如果离散的数据点代表的是很高的销售额，就需要分析出原因，吸取经验，以便用在其他商品上，为网店带来更大的效益。如果这个点代表差劲的销售情况，就需要细分情况，拟定对策了。

### 2. 分析多重问题

数据分析最大的作用，想必就是分析多重问题了，说得通俗一点，就是从多个维度去分析数据，总结出影响网店运营的具体原因。

### 3. 建立历史档案

网上开店的成功店家几乎都是经历了长时间的经验积累后一点一点地发展起来的，而这些经验从何而来？答案就是建立历史档案。对每一个商品进行长时间的数据统计一定可以发现一定的规律，而好好利用这个规律，就会让商品大卖。

### 4. 自由对比分析

与网店有关的数据种类有很多，收集整理好这些数据就可以很自由地对其进行对比分析。对比分析在网店运营中扮演了多种重要角色。它可以帮助网店选款、预测库存周期；它也可以合理规划网店装修板块和样式；它还可以诊断网店目前的状况，找出店铺存在的问题并对症下药。

# 10.2　网店运营数据分析中的数据

作为淘宝运营人员，一定要知道淘宝运营分析的是什么数据，核心的数据指标又是哪些。下面将详细介绍这些核心数据。

## 10.2.1　流量数据

淘宝卖家最关心的是什么？当然是流量，有了流量才变相有销量，如果没有流量那何谈销量呢？流量数据是网店的重要监控对象，按照收费方式，流量可以分为免费流量和付费流量。

### 1. 免费流量

只要是不花钱地从淘宝内部得来的流量都属于淘宝免费流量，主要包括关键词搜索带来的流量、自主流量和站外免费流量等。

（1）关键词搜索带来的流量，是指没有付费做广告推广，买家通过关键词搜索途径进入网店中的流量。这类流量是网店免费流量中的最大来源，也是网店最想要的流量，毕竟免费流量的成本低，而且精准度也算是比较高的。网店都希望自己的商品能排在淘宝的首页最显眼的位置上，因为位于显眼的位置，所以点击量就会大，网店获得的免费流量也就增加了。但是任何商品都有一定的周期，并且淘宝网上竞争激烈，要想商品时时都排名靠前不太现实。多数网店的做法是将网店中商品的生命周期分配开来，这样即使有一款商品进入衰退期，也会有新的商品跟上，进而维持网店的免费流量。图 10-1 所示为关键词搜索免费流量。

（2）自主流量，指买家自己主动访问网店的流量，这样买家通常是之前在网店中已经有过成功的交易经历，因此才会通过直接访问、搜藏商品、购物车等渠道来回访网店，这样的流量十分稳定且转化率也高。另外，客户之所以会再次进店购物，正是说明了他们对网店中的商品质量和价格比较满意，这时只要及时维护好和老客户的关系，老客户是很容易多次回头购买的，这无形中又增加了流量。

（3）站外免费流量，大多来自于贴吧、论坛、社区、微博、QQ 群、微信群等，可以靠网店自己去发帖推广，也可以雇用别人去推广。这种流量的精准度不高，效果也自然不能得到保证。

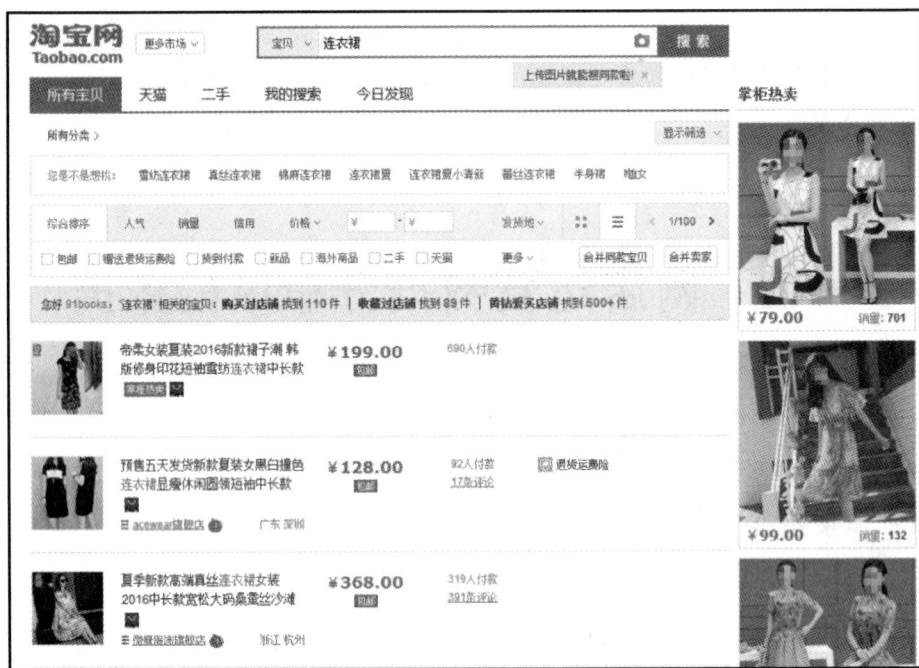

图 10-1　关键词搜索免费流量

### 2. 付费流量

付费流量是指通过投放广告、按点击率计算费用等方法引入的买家流量。这样的流量精准度高，容易得到，只要花钱就会产生，常见的有淘宝客、钻石展位、直通车以及淘宝的各种活动等。由于付费流量会增加成本，所以需要卖家恰当地投入，以免投入产出比失衡。

付费流量在网店流量占比越大就意味着卖家的成本越高，因此在使用这些付费流量前一定要明确引入流量的目的，做好推广策略，做好访客价值的估算。通过付费推广引进的新流量，卖家要倍加珍惜，最好分析一下二次购买的买家和三次购买的买家，使新买家成为老客户。

## 10.2.2　网店主要页面数据

一个完整的网店是由多个页面组成的，每个页面的指标对网店的业绩都有很大的影响。但是不同页面的衡量标准是不一样的，只有对症下药，关注好各个页面的指标，才能找出提高业绩的方法。

### 1. 首页数据

首页是一个网店的门面，买家进入首页后，会根据首页的导航进入其他不同的页面。网店首页需要监控如下几个数据。

（1）流量。首页的流量大约是全店总流量的 15%，如果网店在做促销之类的活动，流量就会再增大一些。

（2）独立访客数。它是指一个客户进店访问，不论重复访问了多少次都计为 1 次。

（3）停留时间。停留时间越长代表他们对网店越感兴趣，购买的可能性也就越大。

（4）访问深度。访问深度是指访客进店访问的页面数量的多少。访问深度，是衡量一个网店是否足够吸引客户、把客户留下来下单的一个重要指标。当客户通过首页或者是某个页面，继续访问网店其他的商品页面时，就是一个访问深度，访问的页面越多，说明访客的访问深度越大，如果访客仅仅是访问了首页就离开了，访问深度肯定高不了。

（5）跳失率。首页的跳失率在 50%左右就属于正常水平，如果跳失率太高则说明首页的装修设计有问题，导致很多客户进入首页后就失去访问网店商品的兴趣而离开。

### 2. 商品页数据

商品页是网店最重要的页面，也是达成交易的页面。商品页数据是网店数据分析需要实时关注的重点，这些数据会直接影响到网店商品的销量。

（1）页面浏览量。它是指网店的商品页面被查看的次数。访客多次打开或刷新一个商品页面时，该指标值就会累加。想让访客购买网店中的商品，毫无疑问，首先要做的就是让他们看到该商品，商品的浏览量越大才越有可能提高销量。

（2）咨询人数。咨询人数指的是浏览了商品页面后进行咨询的人数。

（3）跳失率。访客进入商品页面之后，就要看跳失率这个指标了。跳失率越高，说明商品页的问题越大，卖家就要从商品页的图片、描述、价格等方面去进行改进。

## 10.2.3 客服数据

网店客服可以说是网店运营好坏的重要因素，并且网店做得越大就需要越多的网店客服人员，因此必须重视对网店客服人员的培养和鼓励。想检验网店每个客服的工作态度如何、业绩如何，就需要监控客服数据。

（1）对客服个人、客服团队、静默销售、网店整体数据进行全方位的统计分析。

（2）统计网店客服的销售额、销售数量和销售人数。

（3）统计网店客服客单价、客件数和件均价，分析网店客服关联销售的能力。

（4）多维度统计网店客服的转化成功率，包括询单到最终下单的成功率，下单到最终付款的成功率以及询单到最终付款的成功率。

## 10.2.4 转化率数据

网店转化率数据是指进店的所有客户中成功交易的人数比例。网店转化率数据的高低可以说明访客对商品的喜爱度，在分析网店转化率数据的时候一定要对比同行的转化率。转化率高就意味着来网店浏览商品的客户对你网店的商品十分满意并且下单了，这样也就能够增加网店的收益。

网店的转化率数据的高低跟商品的价格、网店的装修、网店客服的应答等因素都有密切的关系。转化率对网店经营非常重要，卖家一切行动的终极目标就是消除客户的疑虑，促其下单购买商品，从而提高转化率，为网店带来更高的收益。

### 10.2.5 客单价数据

客单价是指每一个客户在一定周期内平均购买商品的金额。其计算公式：客单价=成交金额/成交人数。一般指一家网店一天的交易中，每个客户所产生的平均交易金额。影响日均客单价的因素如下。

（1）关联销售：客户在购买商品的时候，有没有顺便购买别的商品？

（2）商品定价：商品定价是 50 元还是 1 000 元？

网店流量、转化率的每一个环节的每一个细节，都和客单价有千丝万缕的联系。网店的流量问题，通过搞对渠道，了解客户的习性，可以逐步解决；网店的转化率问题，可以通过提高卖家的服务质量，加强页面设计美化来提高；而客单价则是一个复杂的指标，它的影响因素构成是最为复杂的，它的控制手段也是最为复杂的。

# 10.3 生意参谋平台简介

随着互联网技术的发展，传统的商业格局被打破，电商在不断地发展壮大，让商界变得异彩纷呈。在这个大背景下，传统电商也逐渐步入大数据时代，一些数据分析工具便应运而生。生意参谋作为一个数据分析工具，为卖家做决策提供了坚实的数据支撑。

生意参谋是阿里巴巴打造的首个卖家统一数据平台，面向全体卖家提供一站式、个性化、可定制的商务决策体验。它集成了海量数据及网店经营思路，不仅可以更好地为卖家提供流量、商品、交易等网店经营全流程的数据披露、分析、解读、预测等功能，还能更好地指导卖家的数据化运营。图 10-2 所示为生意参谋平台，包括"首页""实时""作战室""流量""品类""交易""内容""服务""营销""物流""财务""市场""竞争""业务专区""取数""学院"等功能。

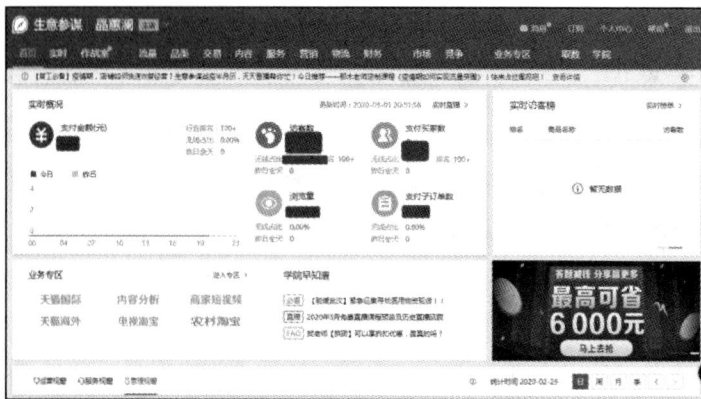

图 10-2　生意参谋平台

# 10.4　生意参谋中必须看的数据：实时直播

卖家利用实时直播可以随时观测实时数据。生意参谋实时直播中的数据对于网店的运营发展提供了很大的帮助。一方面，这些数据可以跟踪商品的推广引流效果、观测实时数据，发现问题并及时调整优化策略；另一方面，这些数据可以实时查看商品具体的营销效果，如果转化率和点击率情况不好，同样可以及时调整推广力度。下面介绍生意参谋实时直播的实时概况分析、实时来源分析、实时榜单分析、实时访客分析等功能。

## 10.4.1　实时概况分析

实时概况就是为网店提供实时数据，主要包括访客数、浏览量、支付金额、支付子订单数及对应的排名和行业平均值，还提供实时趋势图及与历史数据的对比功能。图 10-3 所示为实时概况。

实时概况分析

图 10-3　实时概况

## 10.4.2　实时来源分析

在生意参谋中，卖家可查看到的实时来源数据包括 PC 端来源分布、无线端来源分布。另外，卖家不仅可以查看到所有终端的数据，还可以切换到 PC 端以及无线端查看对应的数据。图 10-4 所示为实时来源分布。

生意参谋提供的流量来源的数据分析，可以帮助卖家了解各个流量来源的详细报告。这对网店的运营极为有利，卖家可以从各个细节进行突破。它能让卖家知道哪些方面的流量来源多，哪些方面的流量来源少，进而反思在流量来源少的方面是否做得不足，同时对流量较大的方面还可以进行优化。

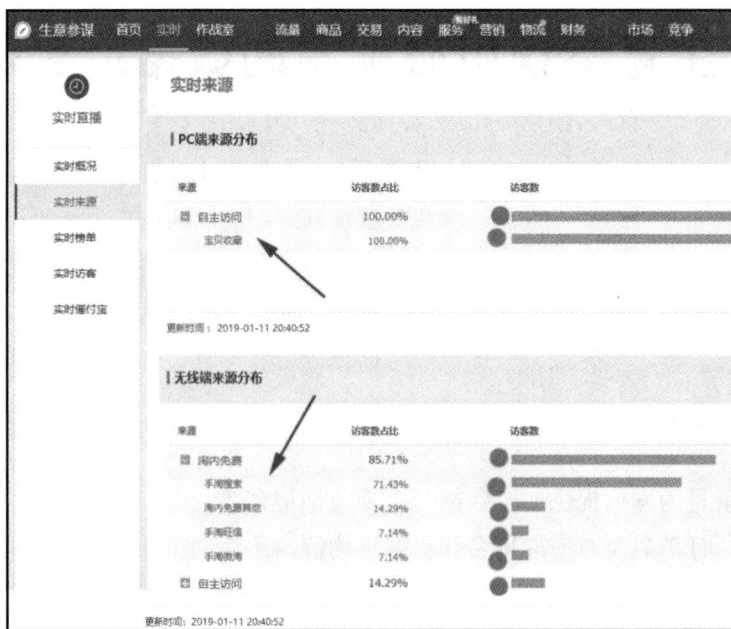

图 10-4 实时来源分布

浏览量就是网店或商品页被访问的次数，所有终端的浏览量等于电脑端浏览量和无线端浏览量之和。

流量来源就是访客通过哪些渠道进入网店的。

流量分析就是分析访客的跳失率、人均浏览量、平均停留时间等数据。

卖家根据支付买家数与访客数的比值，可以得出各个不同地区的转化率，从而对流量大且转化率较高的地区可以加大力度进行推广。

### 10.4.3 实时榜单分析

在实时榜单中，卖家可以看到网店热门商品 TOP50 的浏览量、访客数、支付金额、支付买家数、支付转化率这 5 个维度的数据。图 10-5 所示为实时榜单。

图 10-5 实时榜单

流量款就是能够带来流量的款，一般用来引进新客户。

无论怎样，平台提供的流量款很可靠，数据很重要。对于流量款，卖家一定要注意其流量、转化率及库存的变化，做好解决一切可能发生的问题的准备。

### 10.4.4 实时访客分析

实时访客功能主要提供网店的实时访客信息及浏览情况，包括访问时间、入店来源、被访页面、访客位置、访客编号等，如图10-6所示。通过实时访客数据找到针对客户的信息和分析客户的浏览习惯。

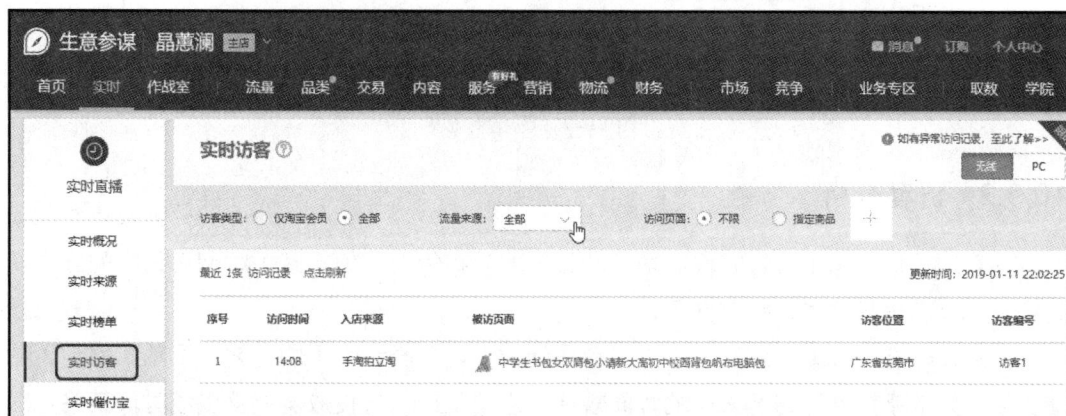

图 10-6  实时访客

# 10.5  生意参谋中必须看的数据：流量纵横

流量纵横可以提供全店的流量概况、流量地图、访客来访时段、地域等特征分析以及网店装修趋势和页面点击分布分析。它可以使卖家快速盘清流量的来龙去脉，在识别访客特征的同时，了解访客在网店页面上的点击行为，从而评估网店的引流、装修等状况，以便更好地进行流量管理和转化。下面具体介绍生意参谋的流量看板、访客分析的功能。

### 10.5.1 流量看板

流量看板是帮助卖家了解网店整体的流量规模以及流量的变化趋势的模板。

单击"流量"选项卡下的"流量看板"项进入流量看板页面，可通过流量总览知道网店的访客数、浏览量及其变化；通过跳失率、人均浏览量、平均停留时长，了解访客质量的高低。图10-7所示为流量看板。

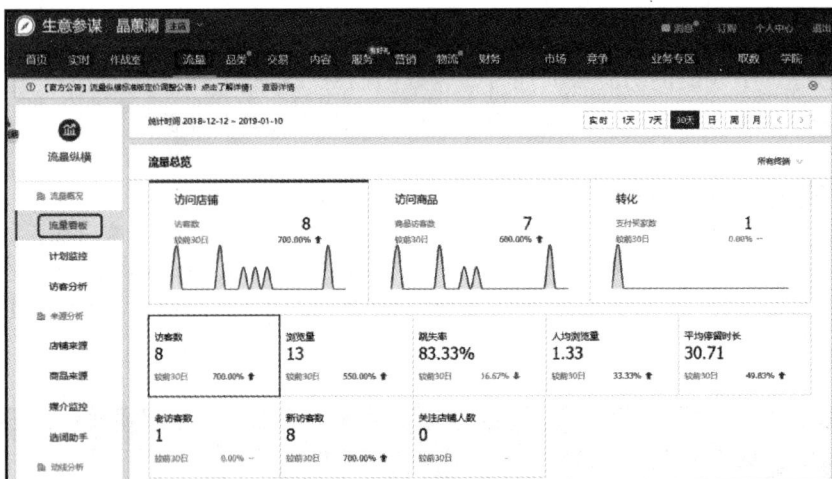

图 10-7　流量看板

## 10.5.2　访客分析

访客分析提供基于访客时段、地域和特征的分布情况，使卖家了解网店访客的分布及其特征，可以更好地进行针对性营销。

卖家通过选择日期、终端，查看对应统计周期内各类终端下的访客和下单买家数，帮助卖家更好地掌握网店访客来访的时间规律，进而验证广告投放、调整引流时段策略。图10-8所示为时段分布。

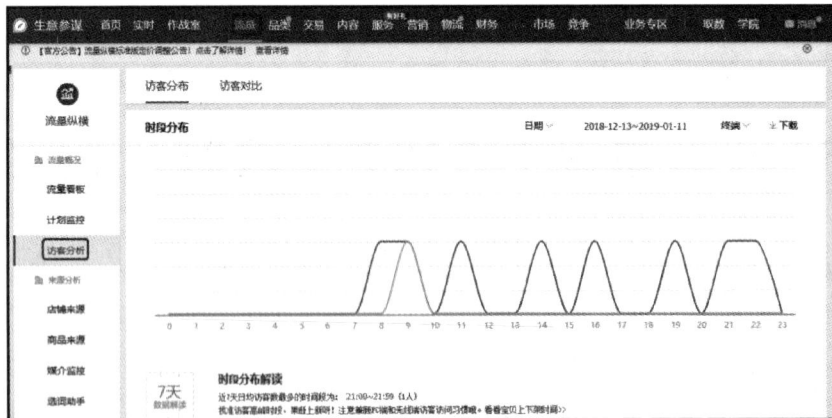

图 10-8　时段分布

卖家通过选择日期和终端，查看对应统计周期内各类终端下访客的淘气值分布、消费层级、性别、网店新老访客分布，以验证或辅助调整广告定向投放策略。图10-9所示为特征分布。

淘气值分布可以看出客户是什么等级，淘气值越高代表网购次数越多；消费层级是计算网店买家之前的购买能力；性别可以判断出商品的买家是以男性为主还是以女性为主；网店的老访客越多越好，老访客多会大大提高网店的转化率。

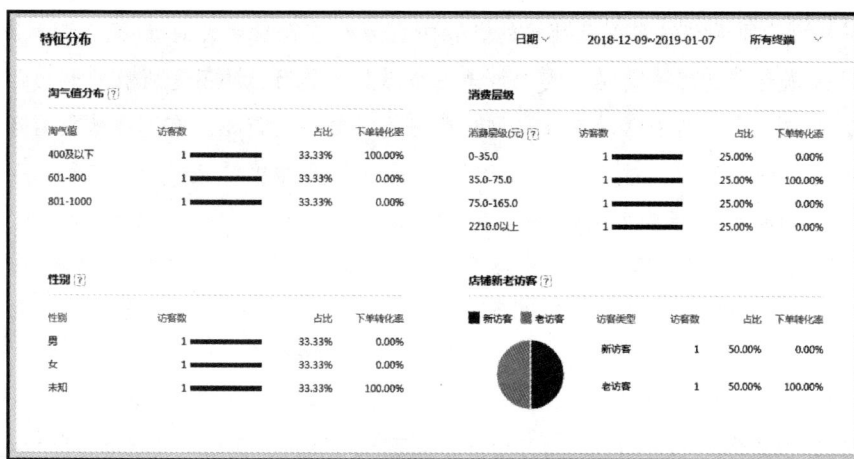

图 10-9　特征分布

图 10-10 所示为行为分布，该页面中一个是来源关键词 TOP5，通过这个关键词基本可以判断网店的核心词，选择 30 天平均日期会更加准确。选择之后，得到的关键词是网店引流最重要的关键词。该页面中还有一个是浏览量分布，需要增加关联及客服引导，这样有助于提高网店的转化率。

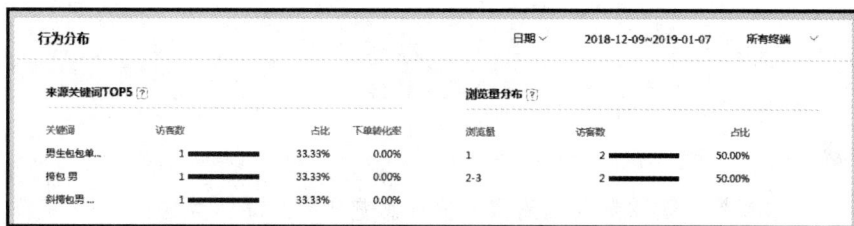

图 10-10　行为分布

## 案例分析

### 境外代购成就创业梦

徐西晨刚读大二的时候就在淘宝网上注册开店卖衣服。"刚开始生意不好，头三个月才卖出三件衣服"，徐西晨总结原因时发现，最重要的原因是货源。网店经营初期，徐西晨也像其他人一样什么衣服都卖，既没有固定的款式，也没有具体的服饰定位。

后来，徐西晨在法国开设了公司，法国朋友主要负责法国服装的选择，而徐西晨主要负责国内市场的销售。在淘宝卖家圈子里，大家热衷于相互分享经验。徐西晨跟一个经营男装网店的师兄很熟，法国公司也是这位师兄牵线搭桥的。

徐西晨了解到，法国大多数服饰企业由于宏观经济环境不好，面临销售订单难题。她引进了此类法国商品，从 2013 年起在中国进行推广宣传。

为应对越来越高的流量成本和推广费用，不少卖家都把精力集中在淘宝各式各样的活动报名上,想以简单的活动报名以及简单的营销方式为网店带来巨大的流量,然后顺带做好"简单粗暴"的关联营销,想一战成名或者打造一个爆款。然而,并不是所有的活动都适合中小卖家参加,也并不是所有的活动都会给网店带来高流量、高订单。有选择地报名活动,才能做到事半功倍。一般而言,对于中小卖家来说,前期可以报名"试用中心"和"天天特价"。

根据以上材料,分析如下问题。

1.境外代购有哪些需要注意的问题?

2.怎样利用数据分析网店商品销售情况?

## 课后习题

### 一、填空题

1._____不仅可以对网店经营现状进行调整,更可以在做营销活动、打造爆款时起到很大的作用。

2._____作为一个数据分析工具,为卖家做决策提供了坚实的数据支撑。

3._____提供基于访客时段、地域和特征的分布情况,使卖家了解网店访客的分布及其特征,可以更好地进行针对性营销。

4._____功能主要是提供店铺的实时访客信息及浏览情况。

### 二、思考题

1.在生意参谋中,卖家如何利用实时概况总览所有终端的数据?

2.如何利用实时来源分析地域和流量来源?

3.如何利用实时榜单分析热门商品?

4.如何利用实时访客分析来了解客户信息及访问习惯?

5.怎样用好流量看板?

6.怎样利用访客分析全面掌握网店交易状况?

## 技能实训

**实训一:用生意参谋的实时直播分析**

1.用实时概况分析终端的数据。

2.用实时来源分析地域和流量来源。

**实训二:用生意参谋的流量分析**

1.用生意参谋分析流量概况。

2.用生意参谋访客分析读懂你的客户。